임동창의
우리 풀꽃 이야기

임동창의
우리 풀꽃 이야기

임동창 곡 공혜진 그림

아우름

🌸 프롤로그 🌸

맑은 눈물 한 방울
·
·
·
·
·
그래 그래
니가 이 세상에서 제일 예쁘단다

길을 걷다가 작은 꽃을 보면
걸음을 멈추고 허리를 숙여 그 꽃을 봅니다.
한동안 그렇게 보다보면
처음 본 꽃보다 더 작은 꽃이 눈에 들어옵니다.
무릎을 구부리고 앉아 새로운 꽃을 봅니다.
그러다가 좀처럼 보이지 않는 아주 작은 꽃을 발견하게 되면
아예 땅바닥에 털썩 주저앉아
한없이 그 꽃 속으로 빨려들어갑니다.

아무데서나 자라고
눈에 잘 띄지도 않는 작은 꽃
저는 어려서부터 이런 풀꽃을 좋아했습니다.

그래서 곡을 만들었어요.

자신의 느낌대로 치기 바랍니다.
그보다 더 중요한 것은 없어요.

곡은 제가 만들었지만
이제 여러분의 곡입니다.
제가 연주한 곡을 듣고 여러분이 나를 느끼듯
어느 날 제가 여러분의 연주를 듣게 된다면
저는 여러분의 멋을 느끼며 마냥 행복해할 것입니다.

 # 목차

프롤로그

은방울꽃

맑은 눈물 한 방울

방울방울 떨어지는 눈물은
가슴 절절한 사랑이다

가슴 시린 눈물을 머금고
그 순수함을
그 아름다움을
그 향기를
피워낸다

은방울꽃 

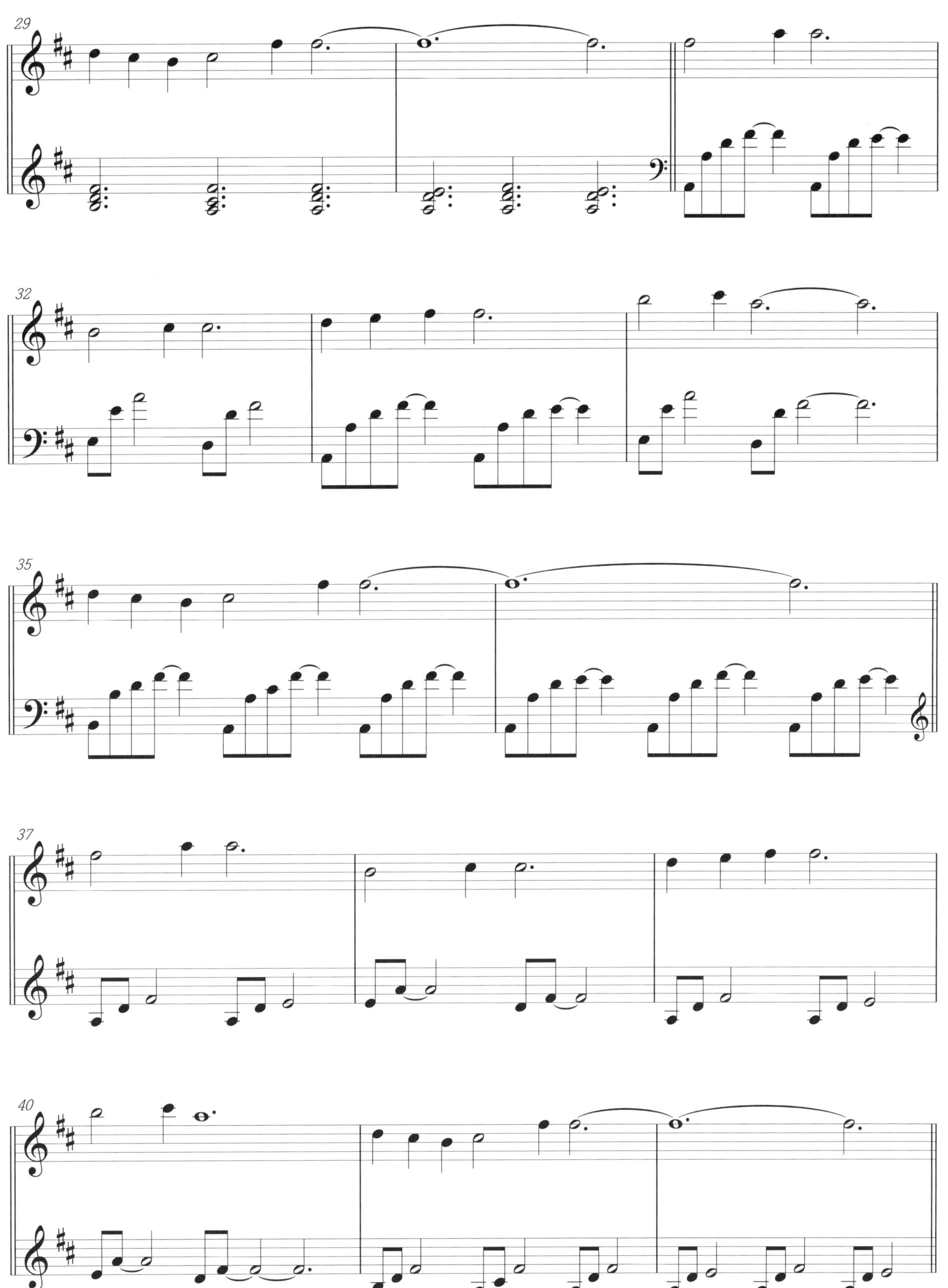

금강초롱꽃

새롭게 사랑하고 살자
해맑은 어린아이처럼

순수하고 싱그러운
사랑의 떨림으로 가득찬
금강초롱꽃처럼

금강초롱꽃

금낭화

여자로 태어나 사는 일이 버겁거든
풀꽃처럼 구름처럼 효재처럼 살 일이네

그래그래
니가 이 세상에서 제일 예쁘구나

금낭화 

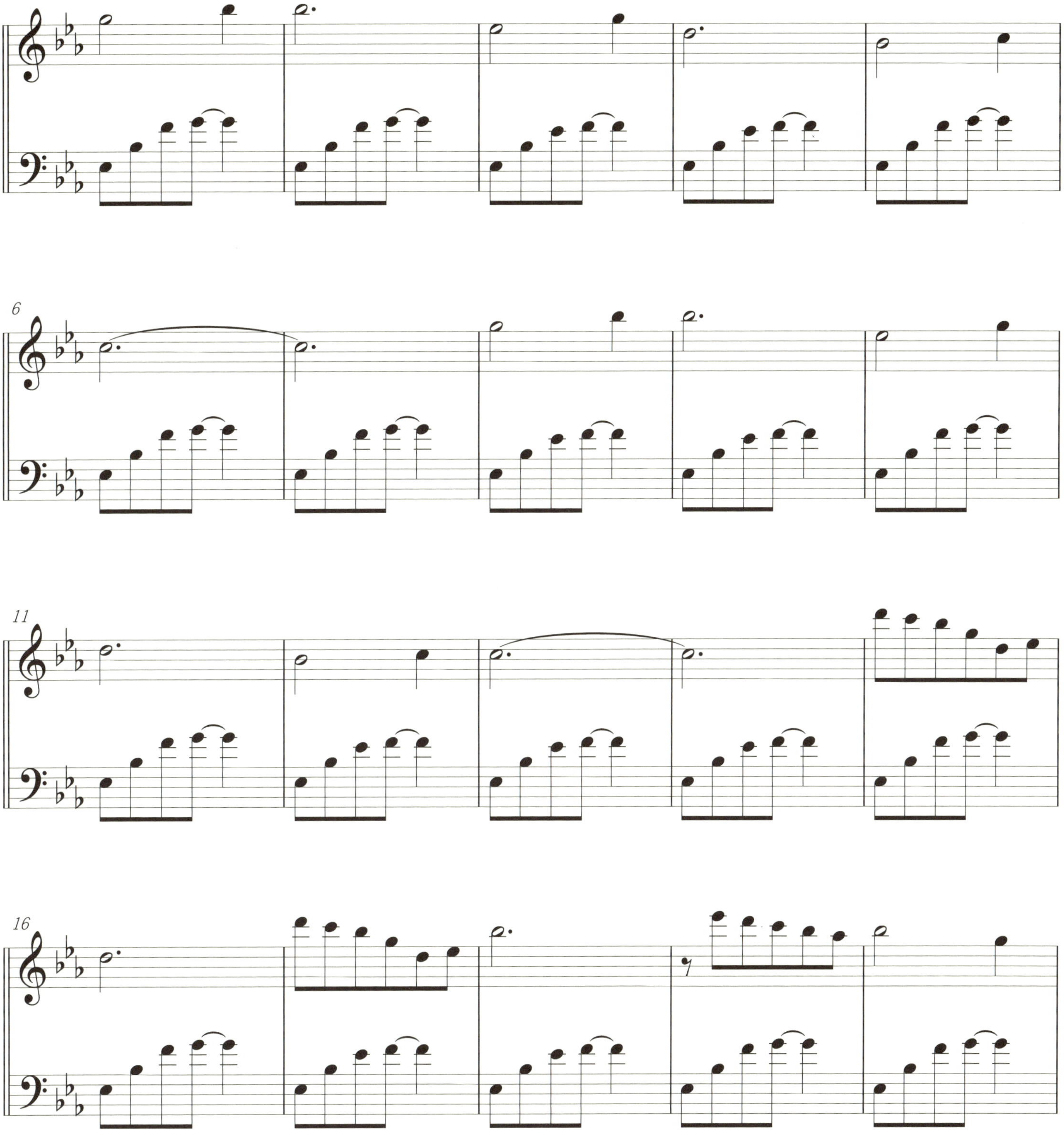

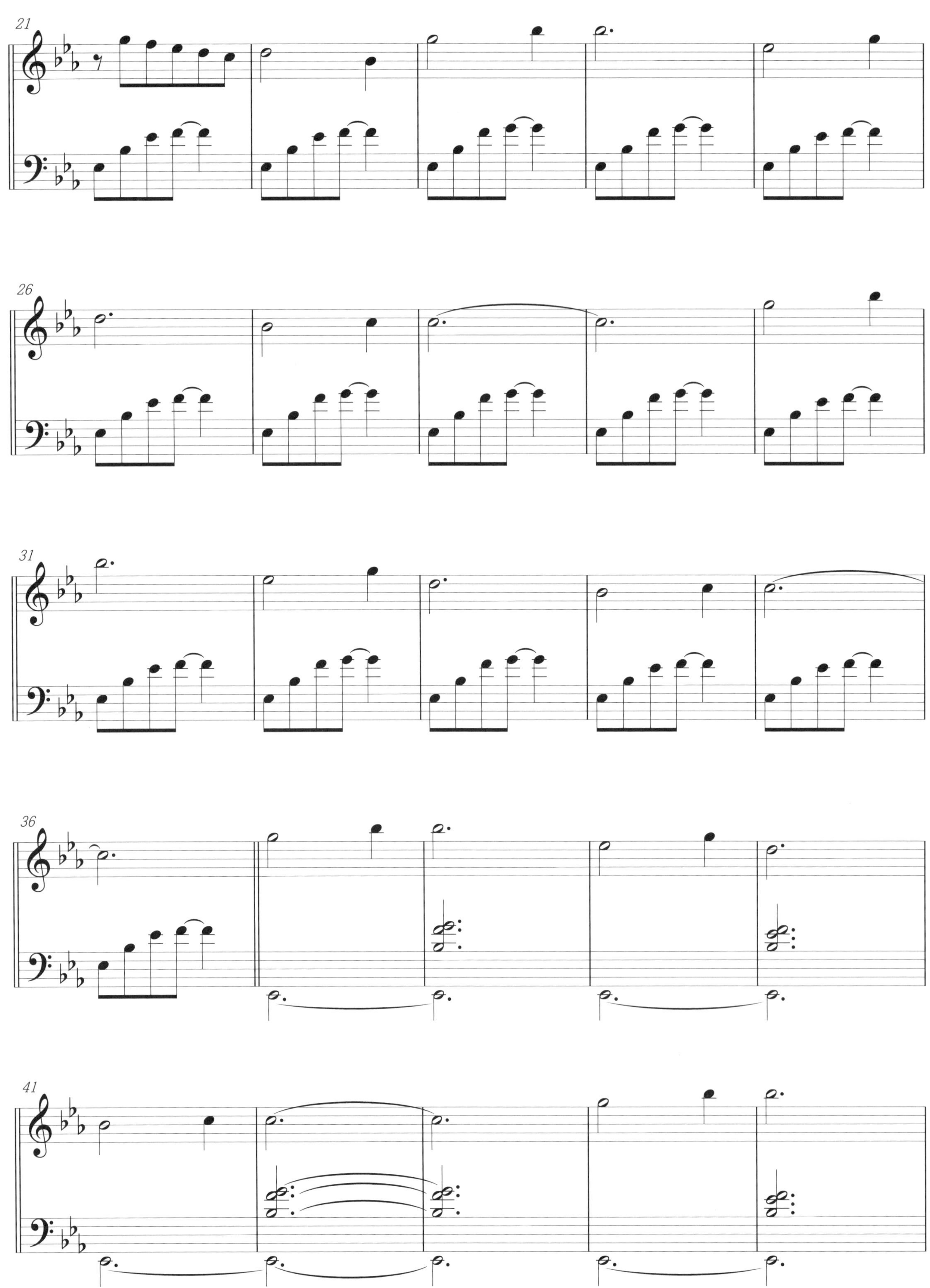

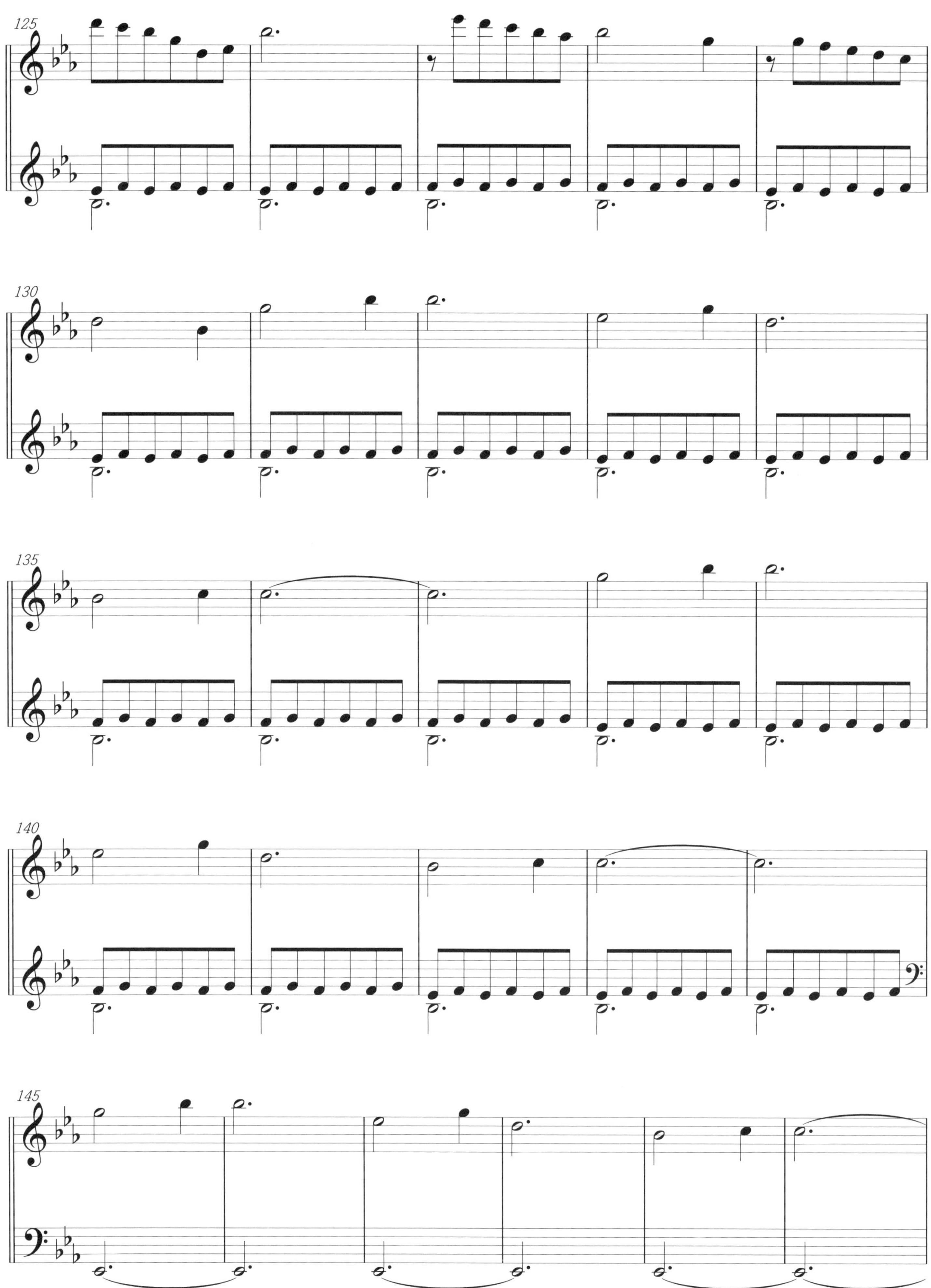

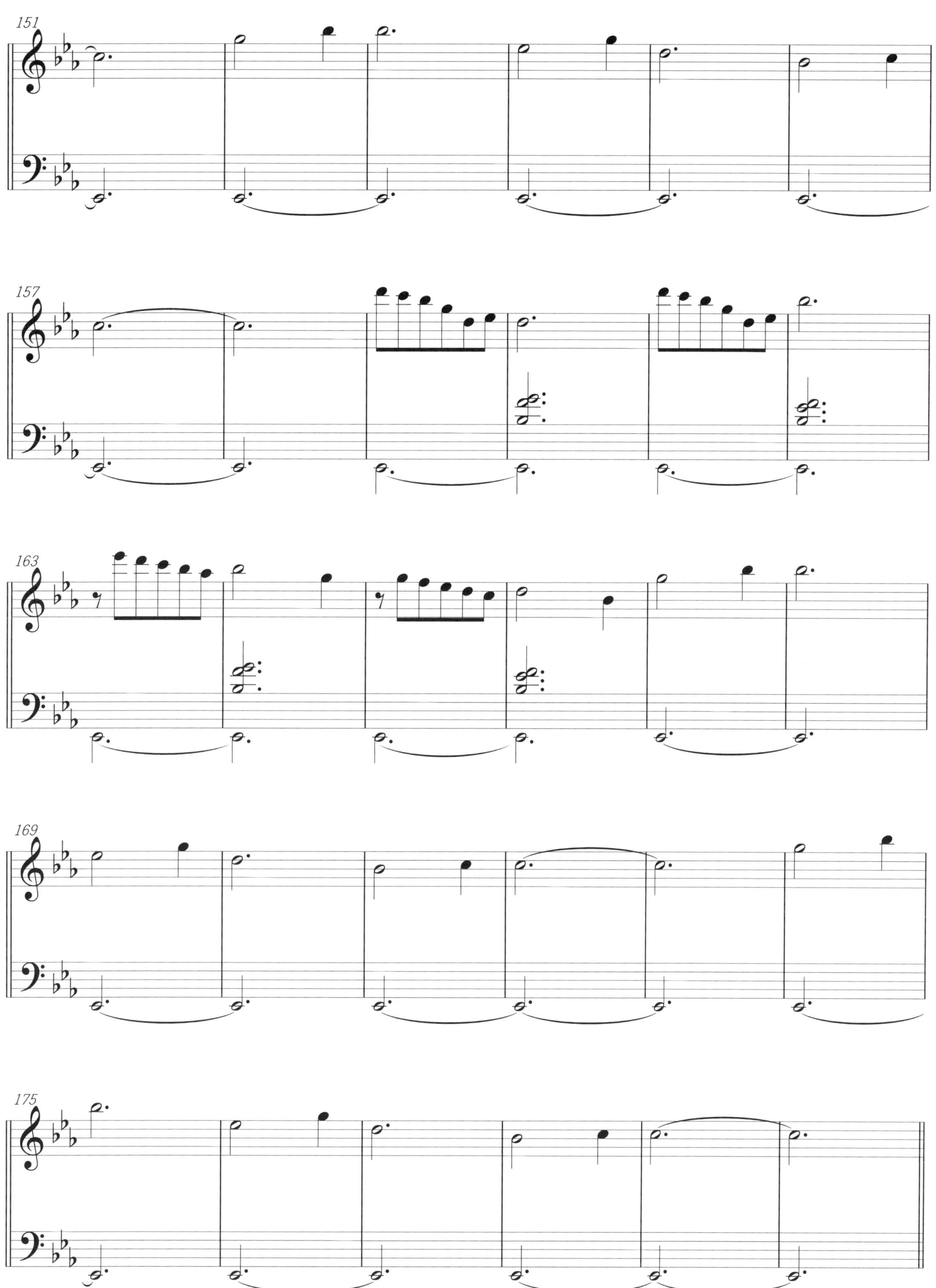

각시붓꽃

경계 짓고
틀 짓고
그래서 너와 나를 갈라놓는
모든 고정관념을 털어버리자

갈등이 사라지면 텅 빈 상태가 된다
평화롭고 자유롭고 따뜻하고 너그러움이 넘쳐흐르는 상태
이 상태를 사랑이라고 한다

각시붓꽃

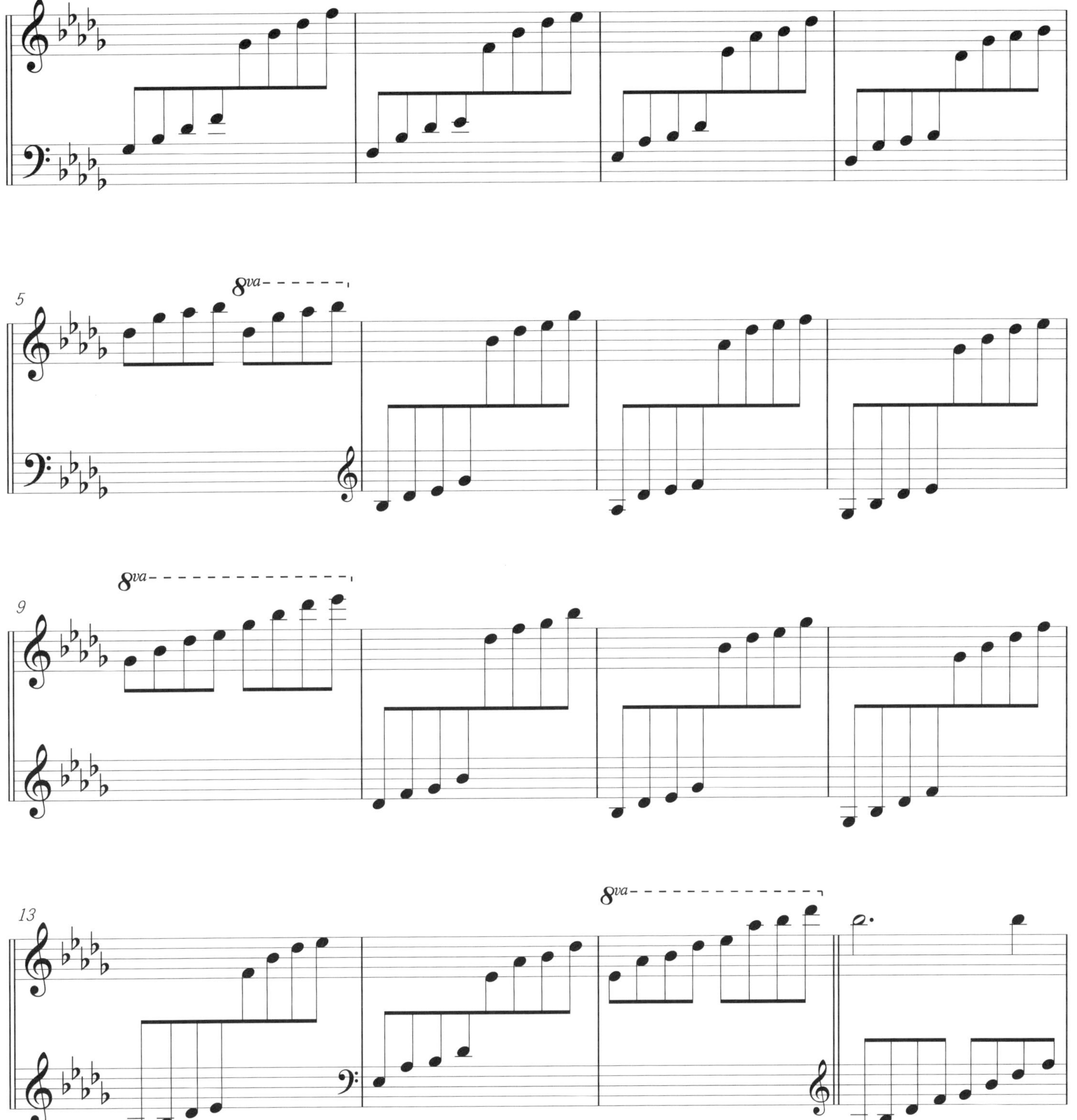

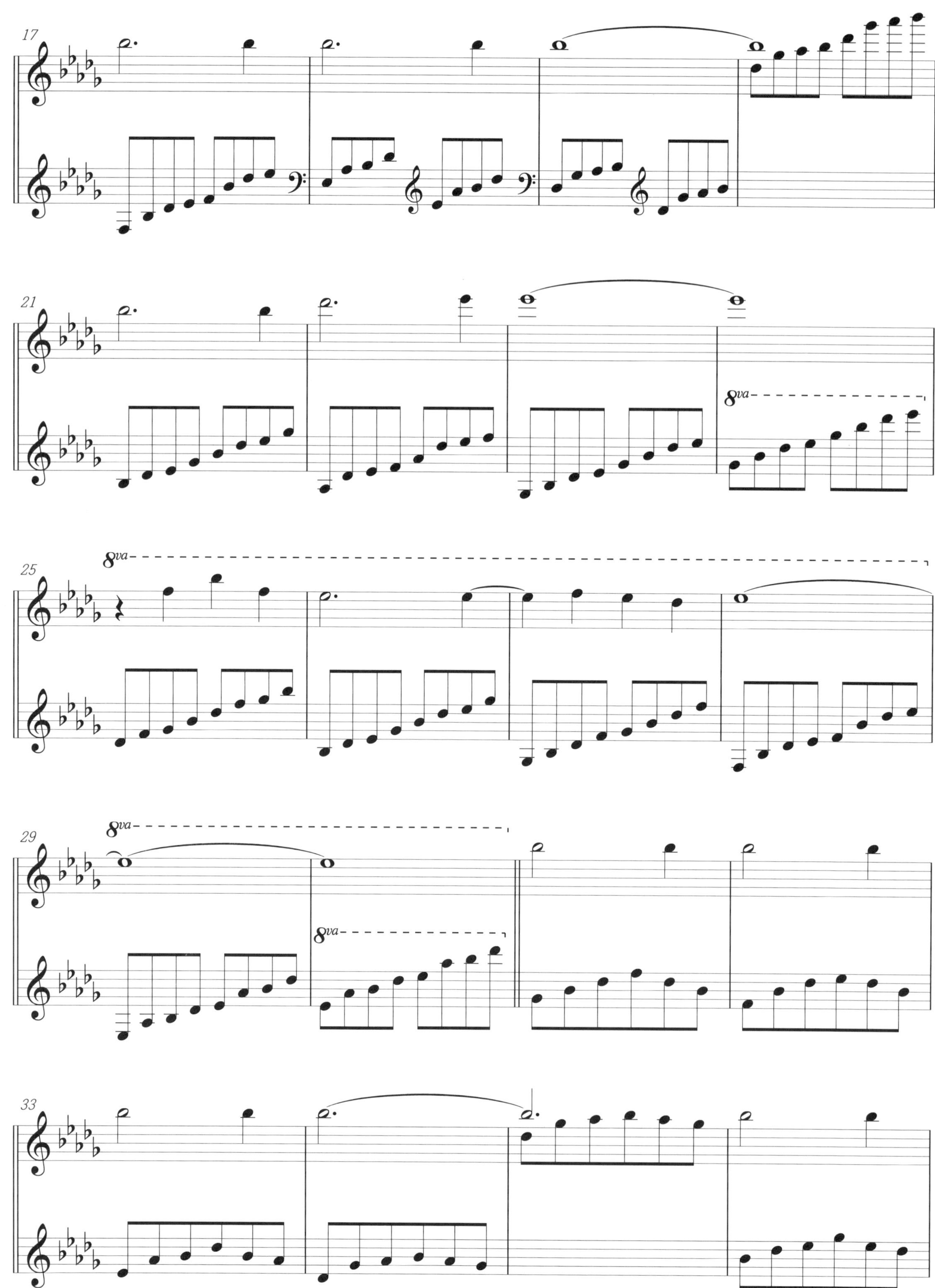

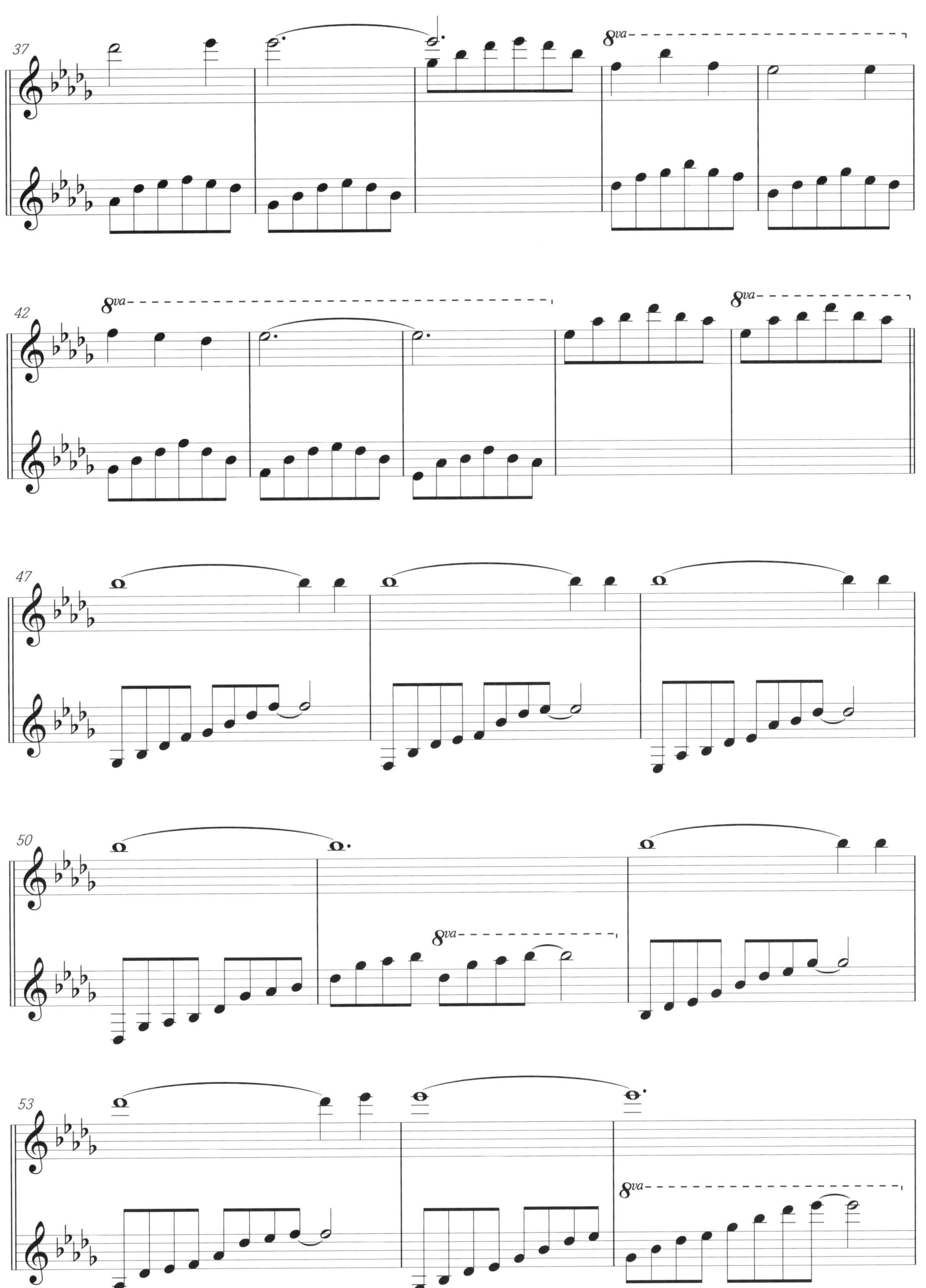

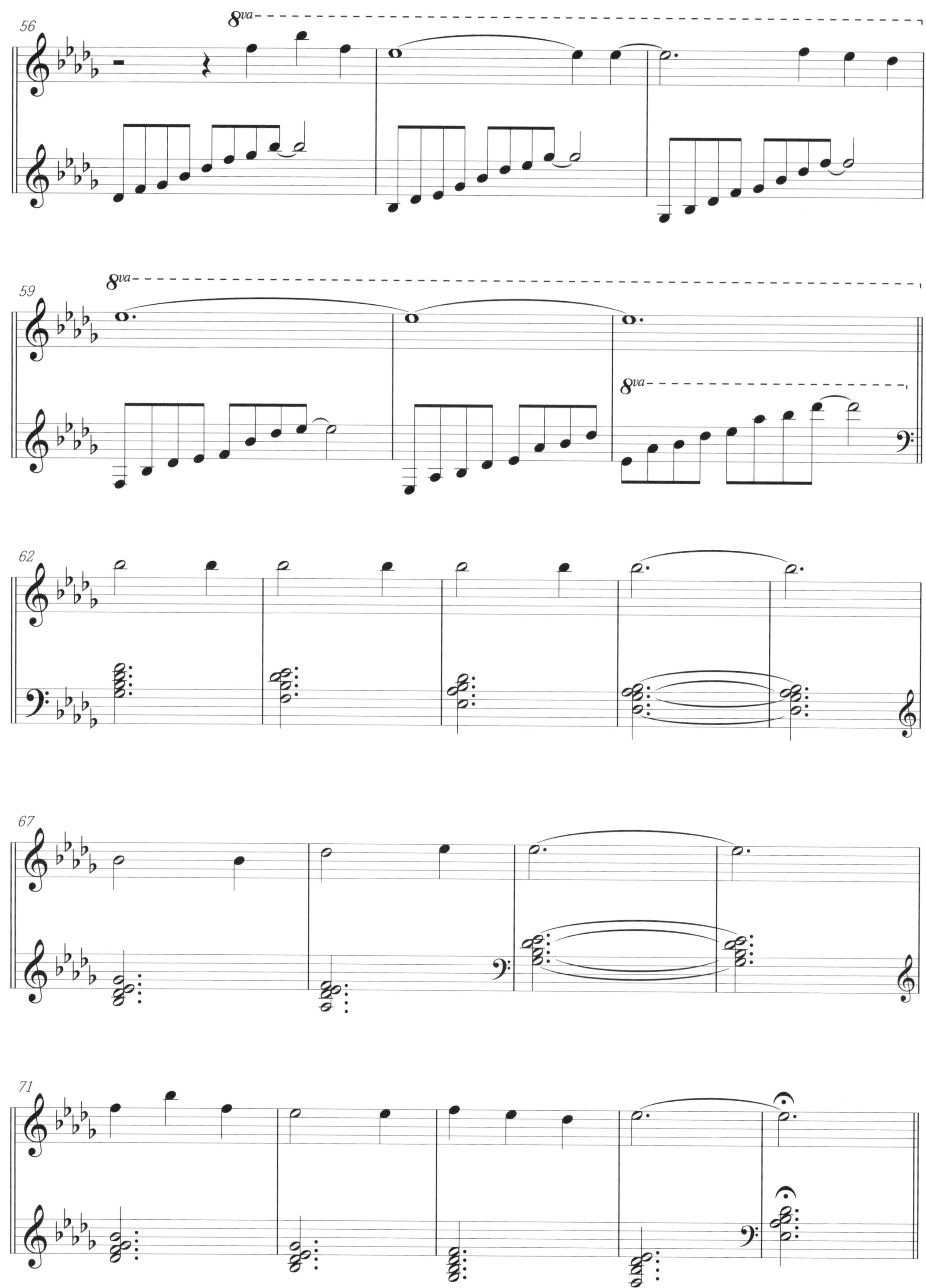

노랑꽃창포

노래 부르는 꽃들에게 시선이 멎는다

노랑꽃창포 한아름

눈이 번쩍 뜨이고 귀가 쫑긋해졌다
황홀경에 쉼 없이 떨었던 내 가슴도 고요해진다

가슴속에 숨어 있는 슬픈 기억 하나
슬픈 기억이 사라진 그곳에
비로소 차오른 아름답고 빛나는 기쁨

노랑꽃창포

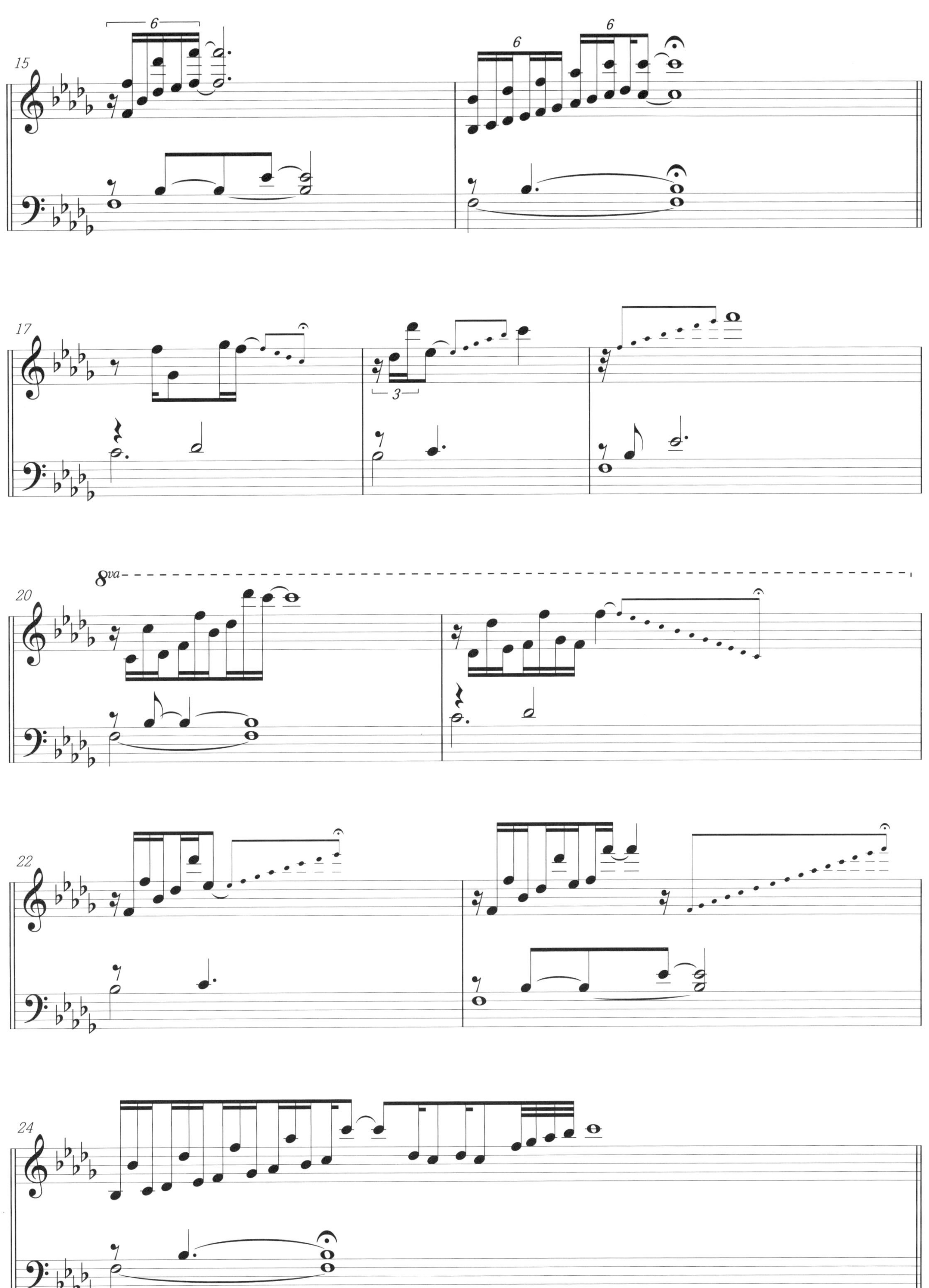

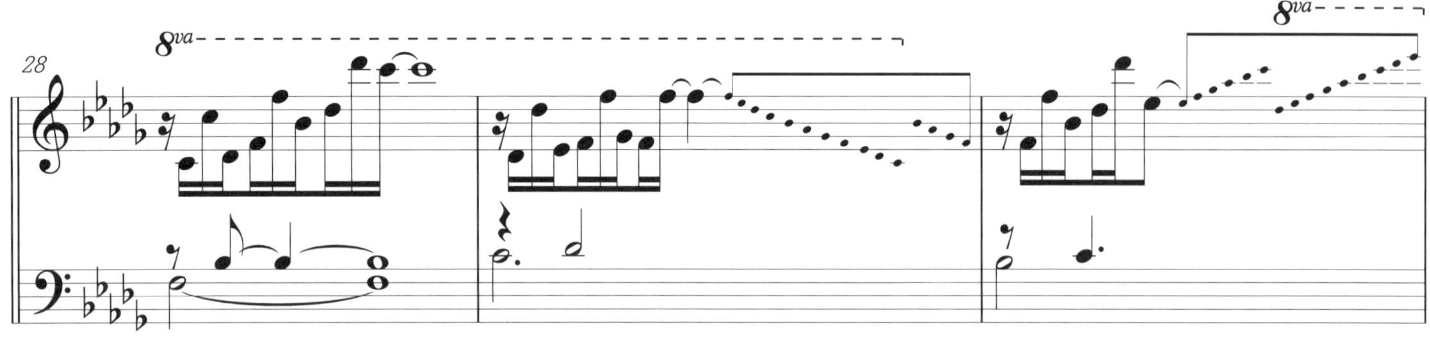

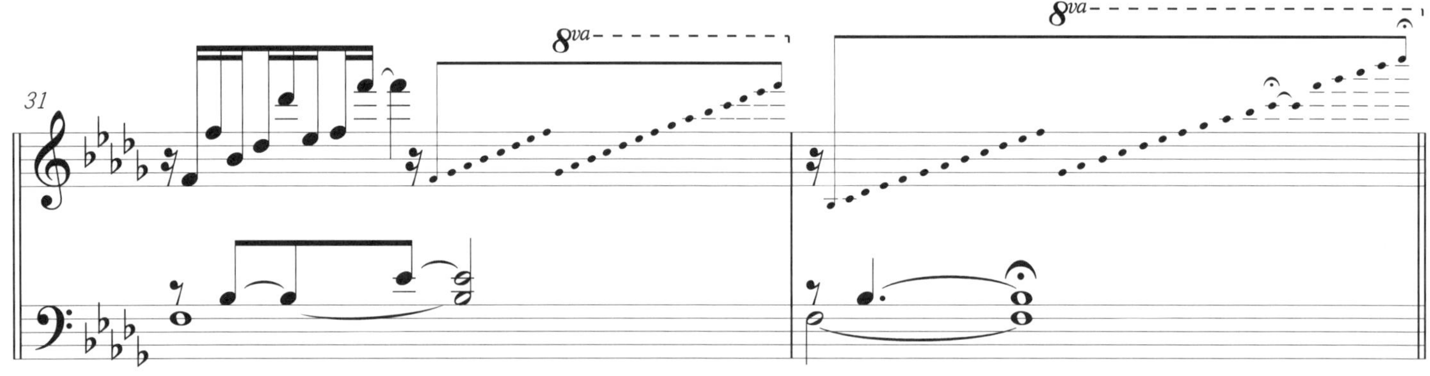

금강제비꽃

몸과 마음을 풀고
움직여보아라

그대로 춤이 된다

그대의 사랑이
그대의 삶이 풍성해진다

금강제비꽃 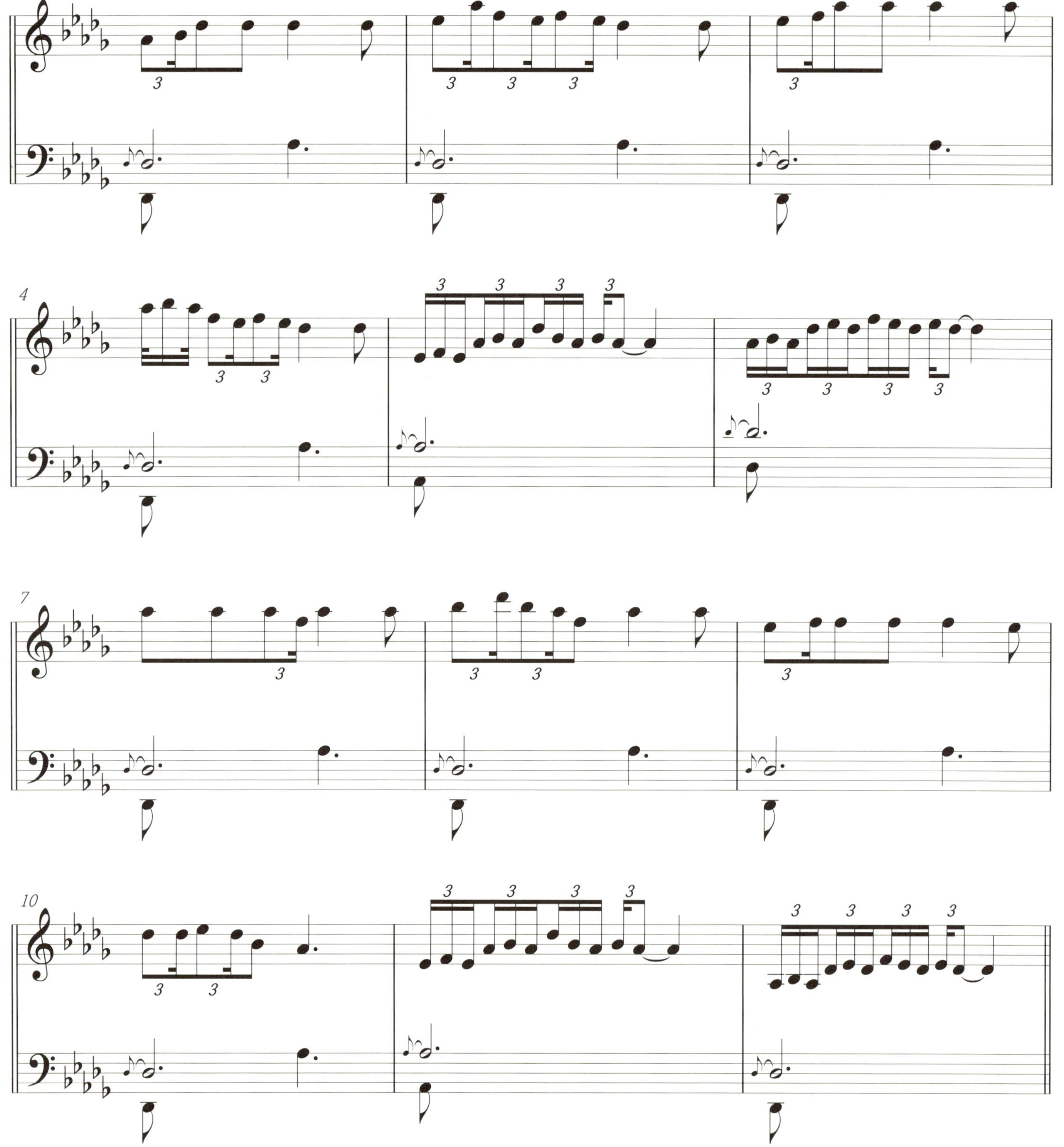

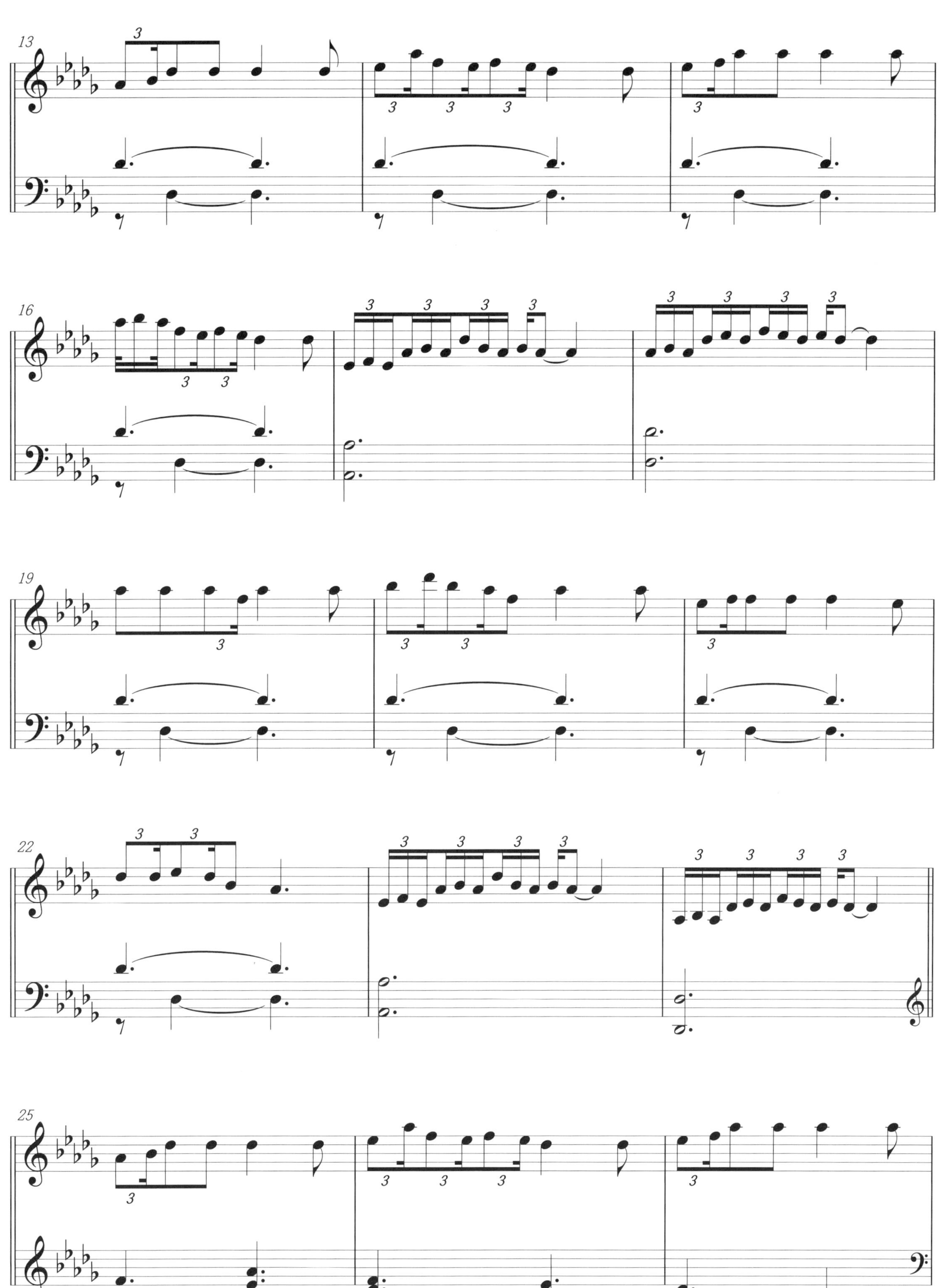

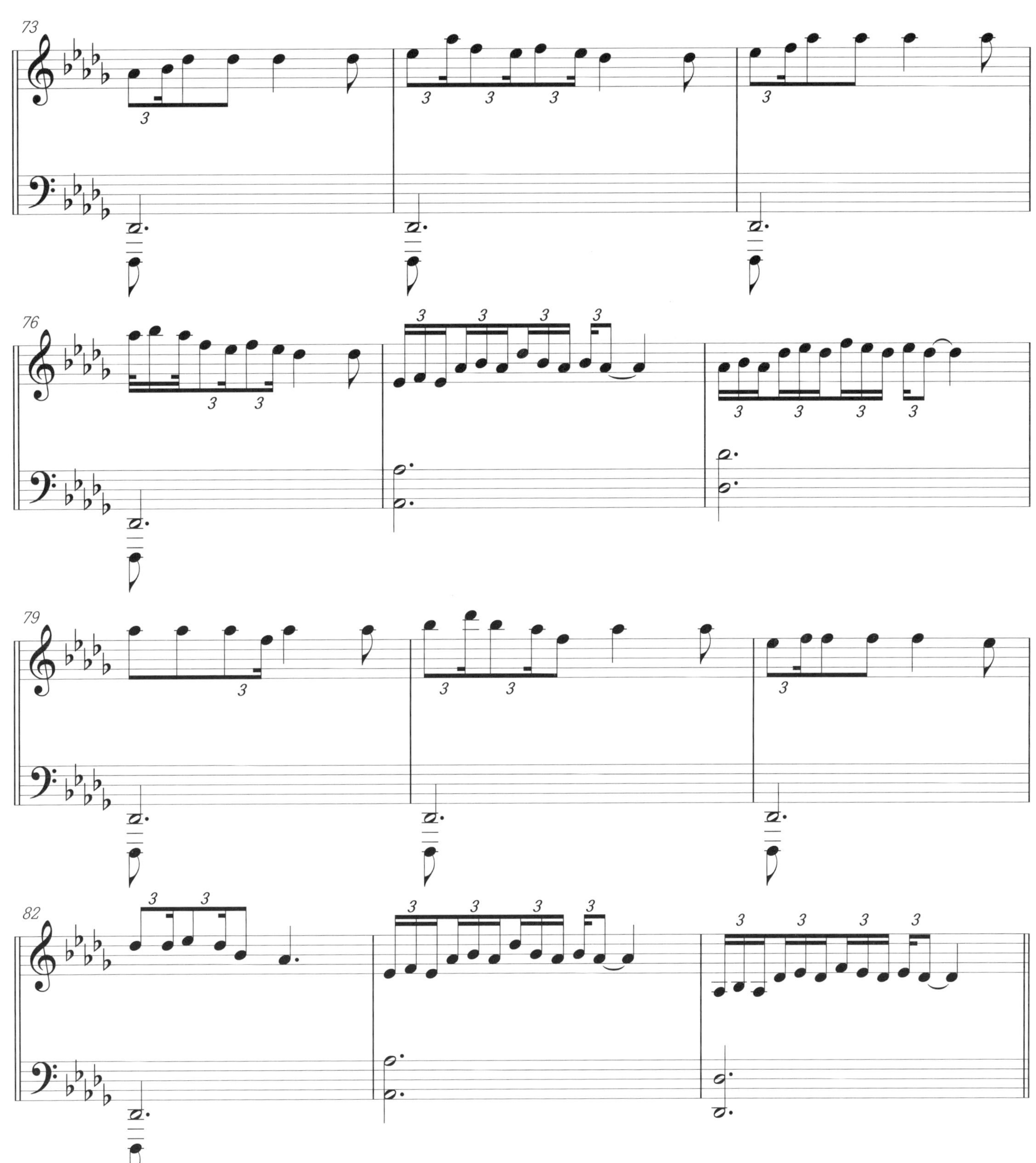

얼 치 기 완 두

하나의 줄기에서 나온 서로 다른 두 개의 꽃
조화롭고 아름답게 피어 있다

오해는 미움
이해는 사랑

오해의 미움이 사라진
이해

얼치기완두처럼
서로서로 사랑하며 살자

얼치기완두

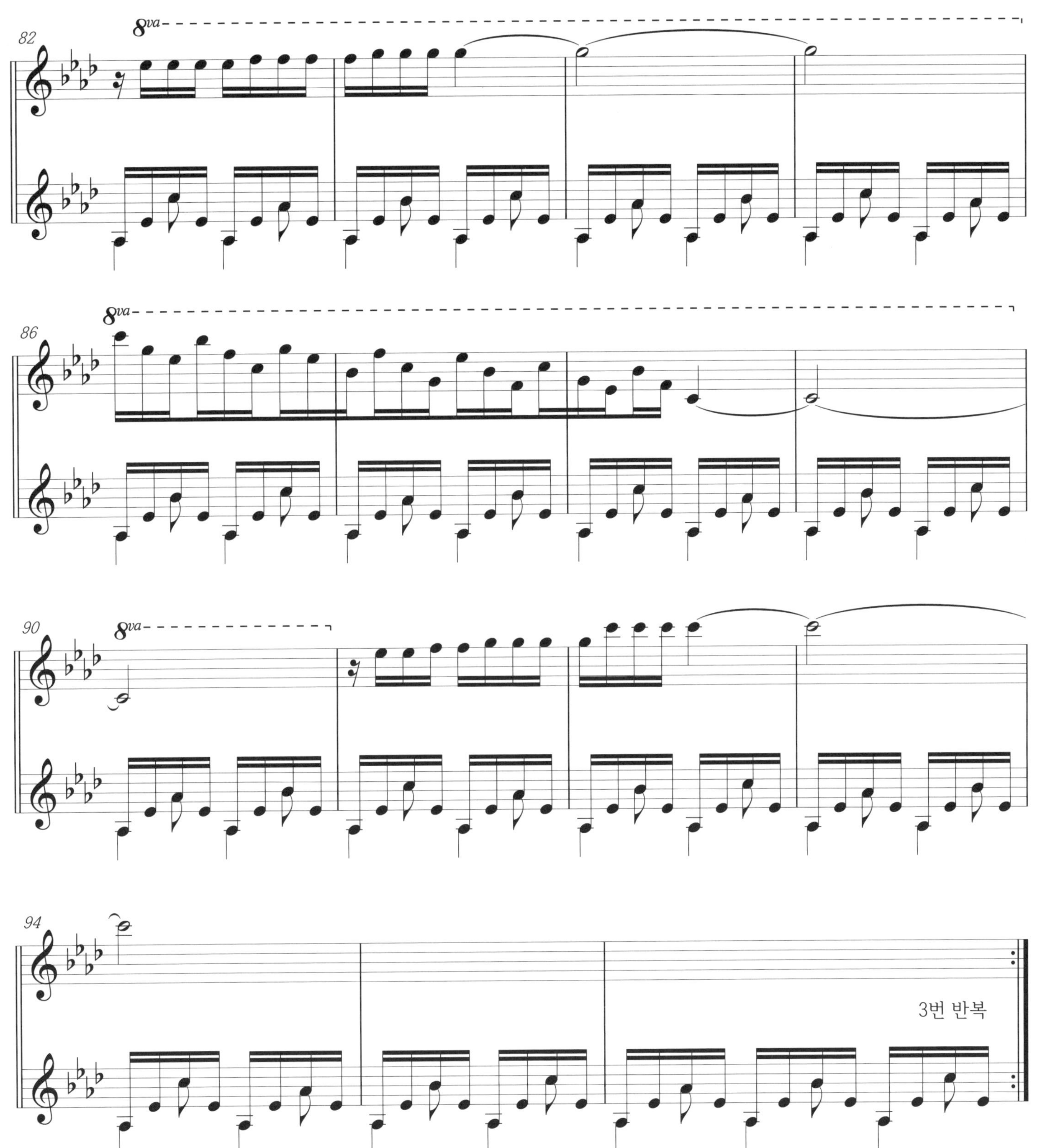
82
8va
86
8va
90
8va
94
3번 반복

달개비

내가 자연의 품에 안겼을 때
내 자신이 자연이었다
내 자신이 사랑이었다

안겨야겠다
자연의 품에

내가 너에게 대자연이 될 때까지

달개비

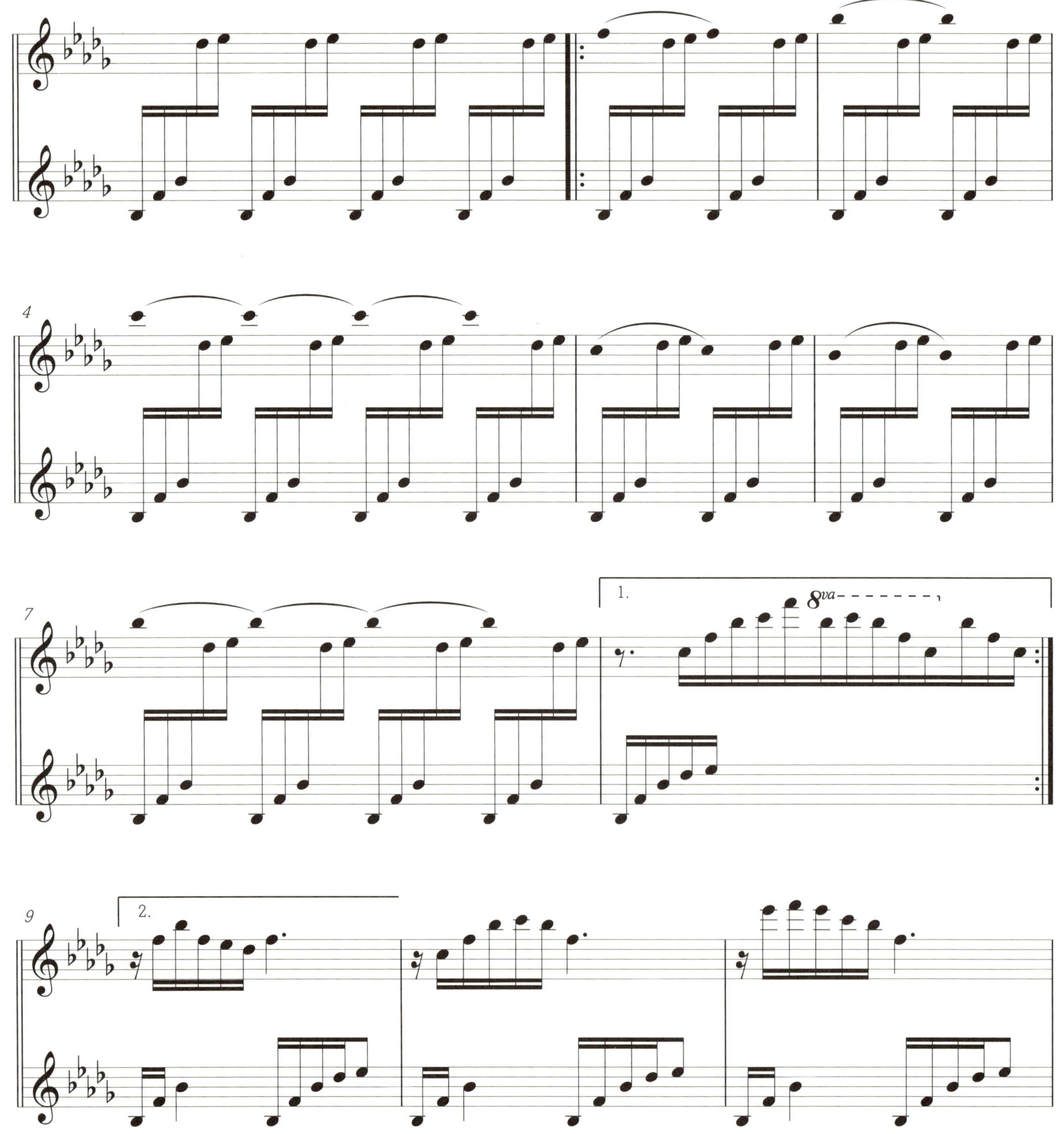

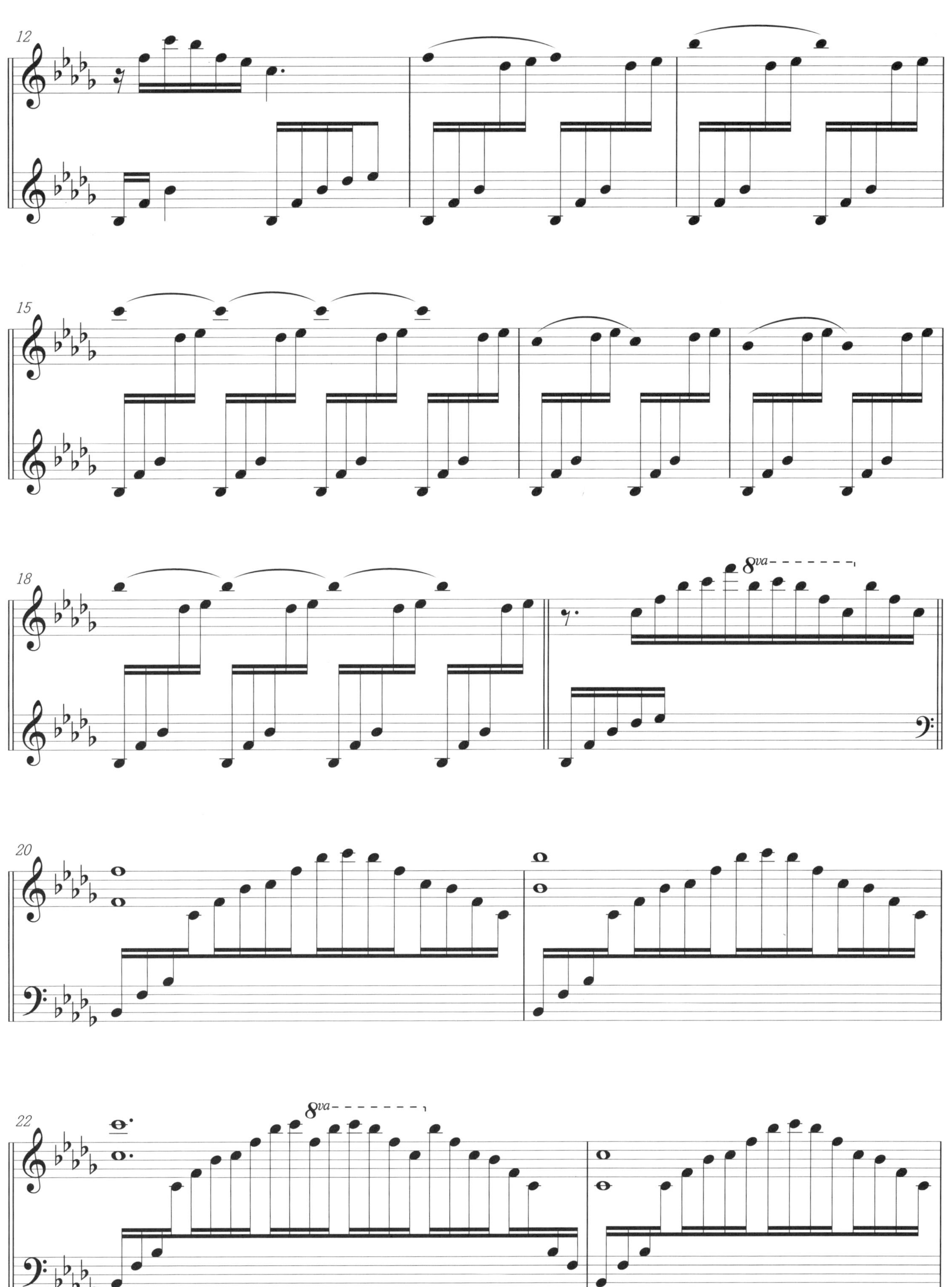

12
15
18
20
22
8va
8va
51

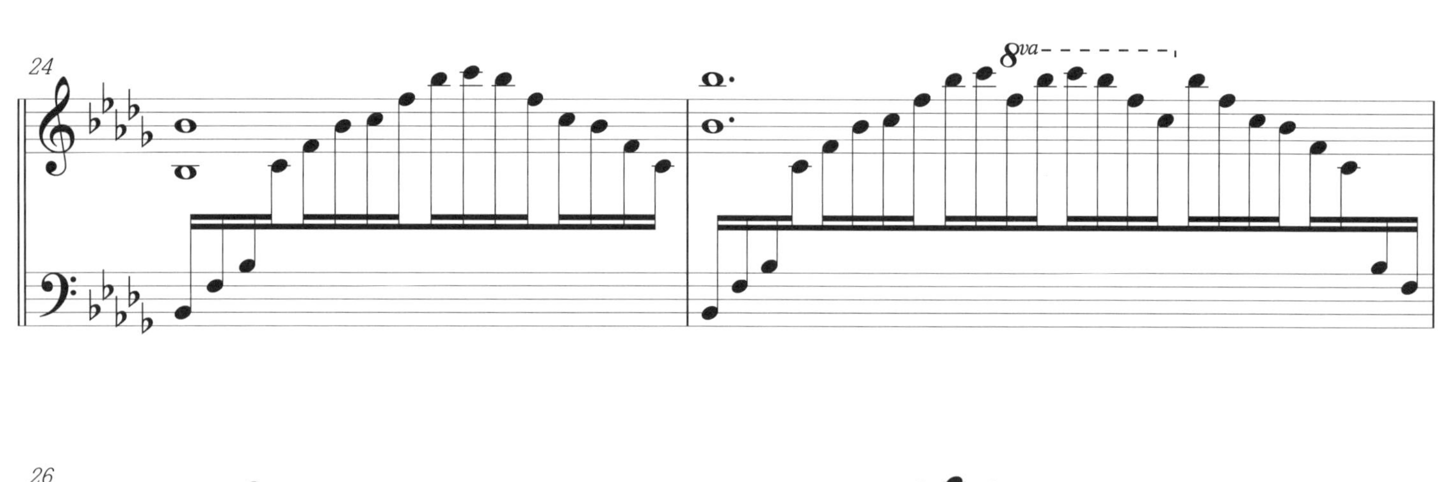
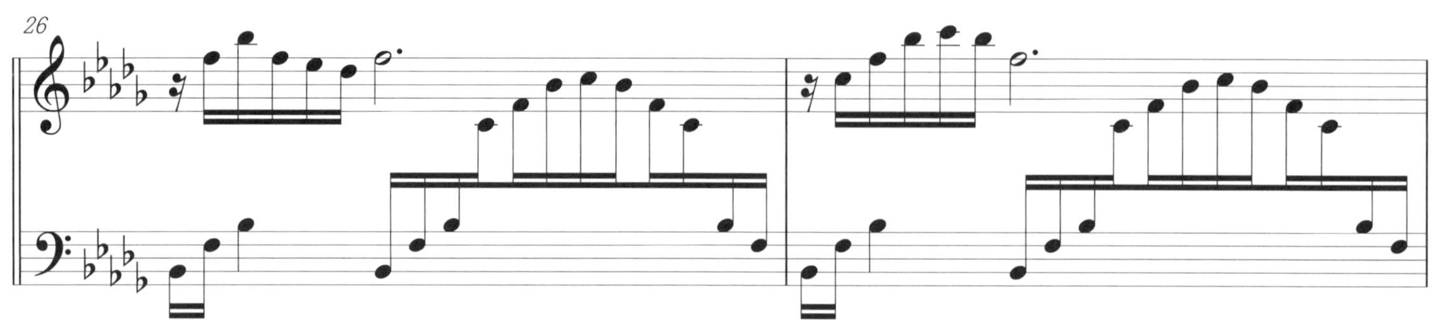
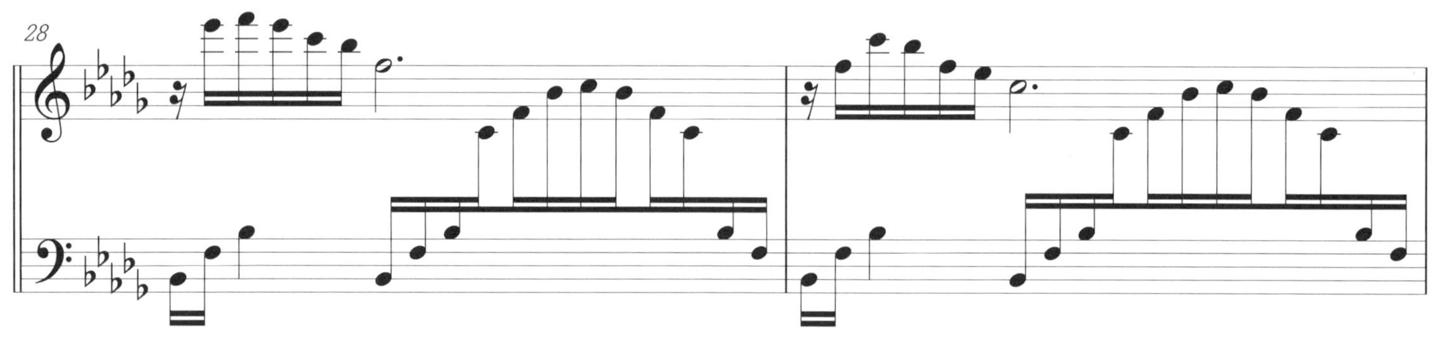
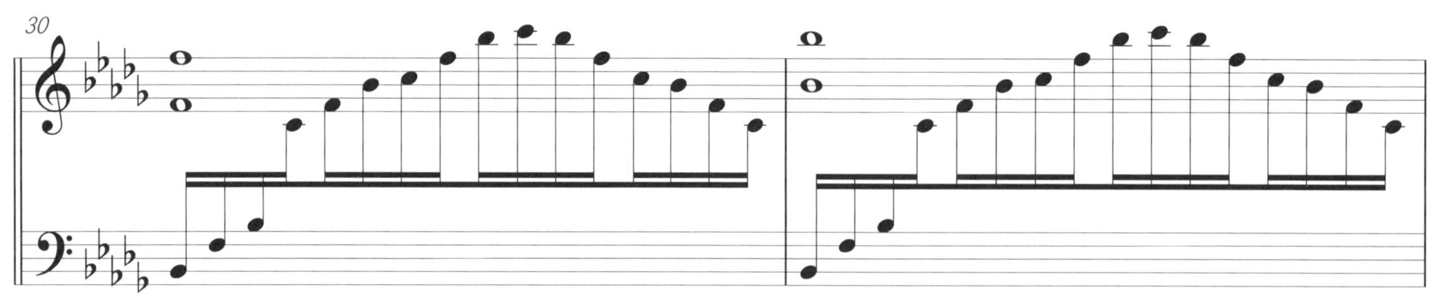
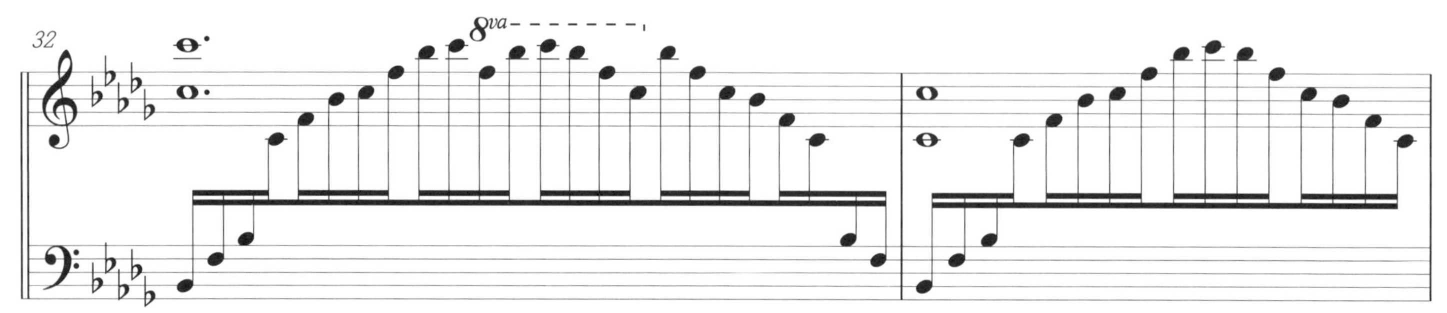

여유있게

괭이밥

방문을 열고 나오다
바람에 춤추는 괭이밥을 보았다

한낮
괭이밥 꽃 한 송이 속에서 벌어진
순박한 어린아이들의 춤판

어린아이가 되고 싶다

웃다가 울면
울음만으로 울고
울다가 웃으면
웃음만으로 웃는

그런 어린아이처럼 살고 싶다

아무것도 모르는 순박함이 아니라
눈물 콧물 다 겪어내
순수함으로 거듭난
어린아이가 되고 싶다

괭이밥 

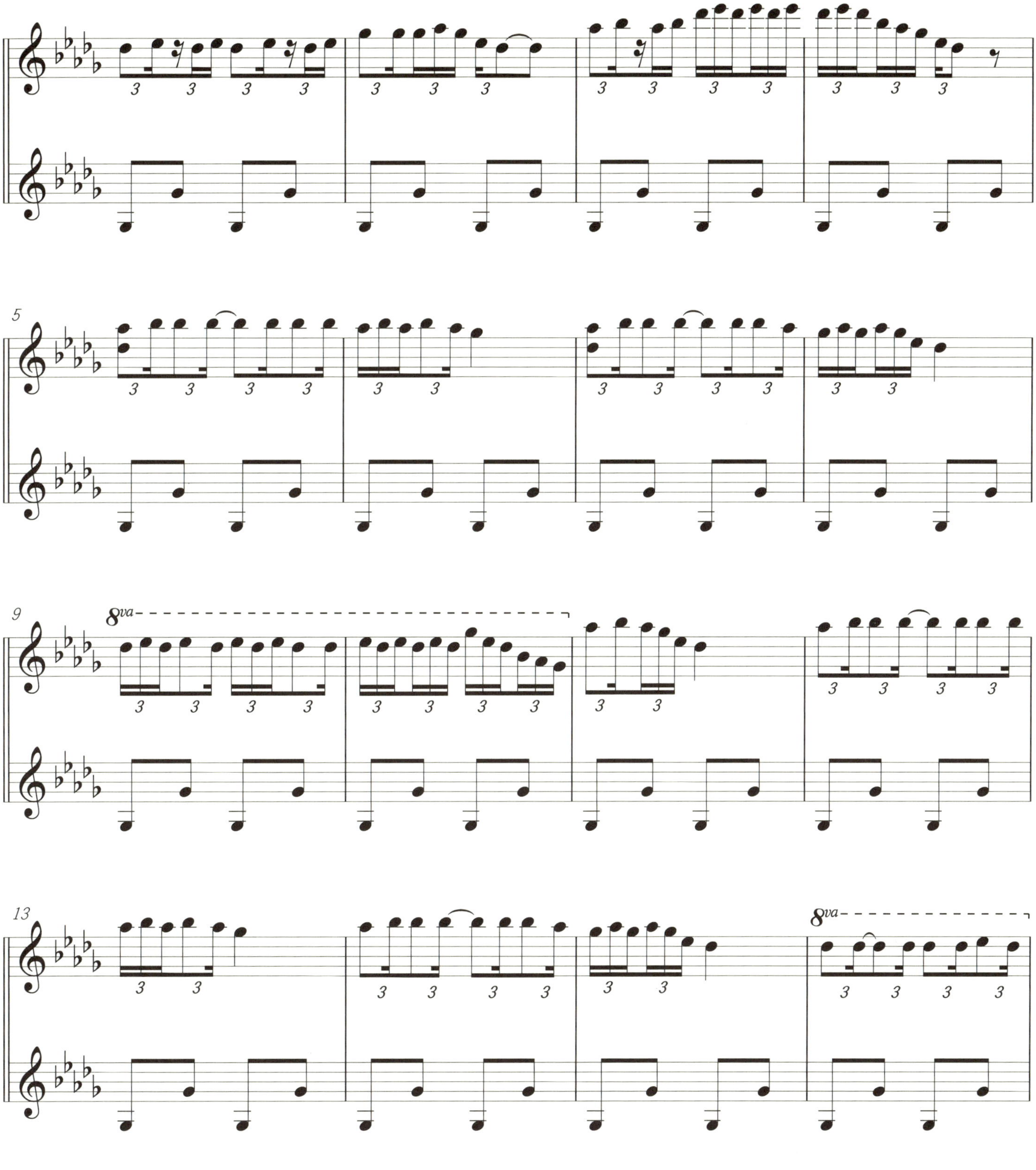

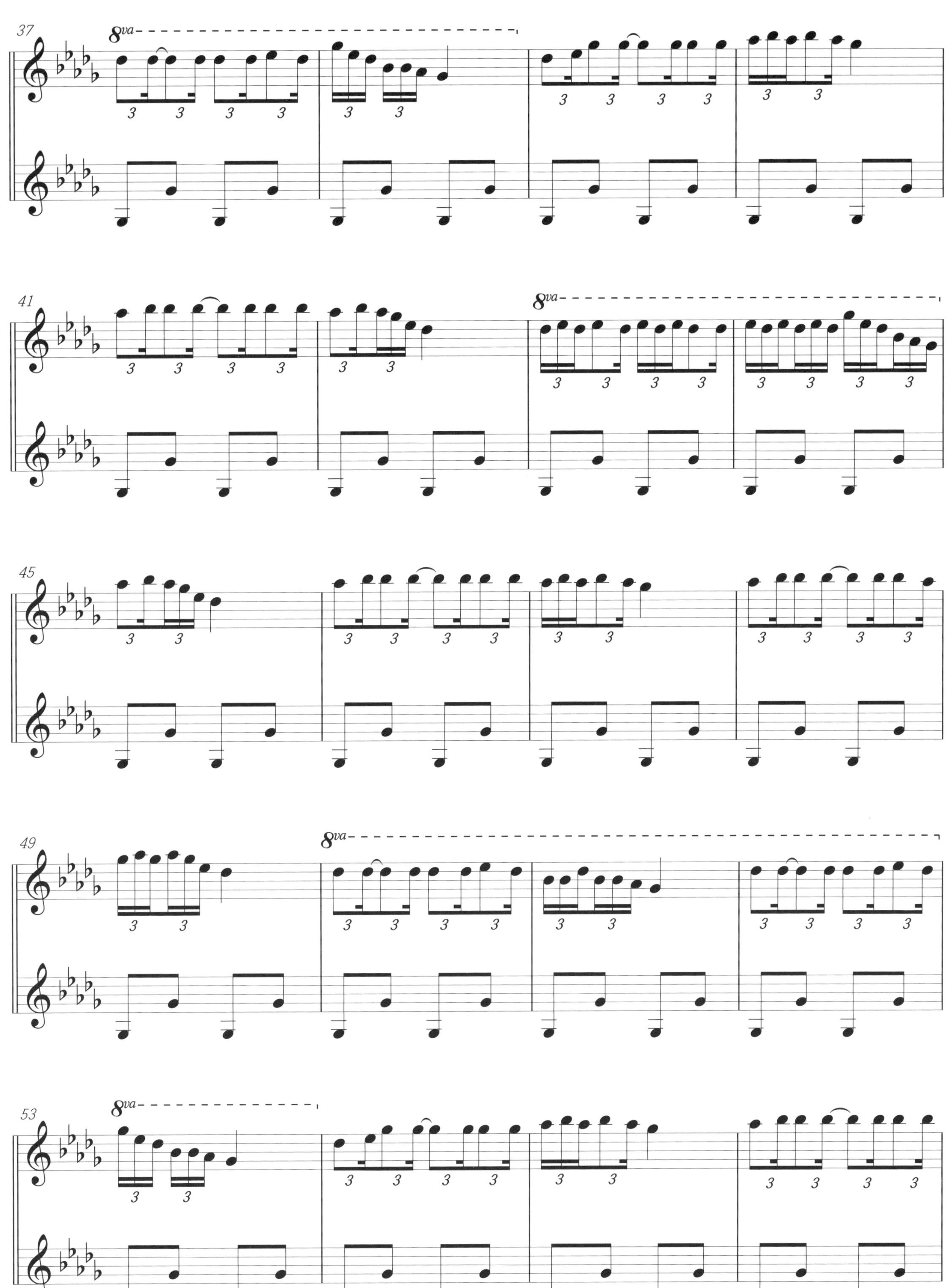
37
8va
3 3 3 3
3 3
3 3 3 3
3 3
41
8va
3 3 3 3
3 3
3 3 3 3
3 3 3 3
45
3 3
3 3 3 3
3 3
3 3 3 3
49
8va
3 3
3 3 3 3
3 3
3 3 3 3
53
8va
3 3
3 3 3 3
3 3
3 3 3 3
57

8va
8va
8va
8va
8va
59

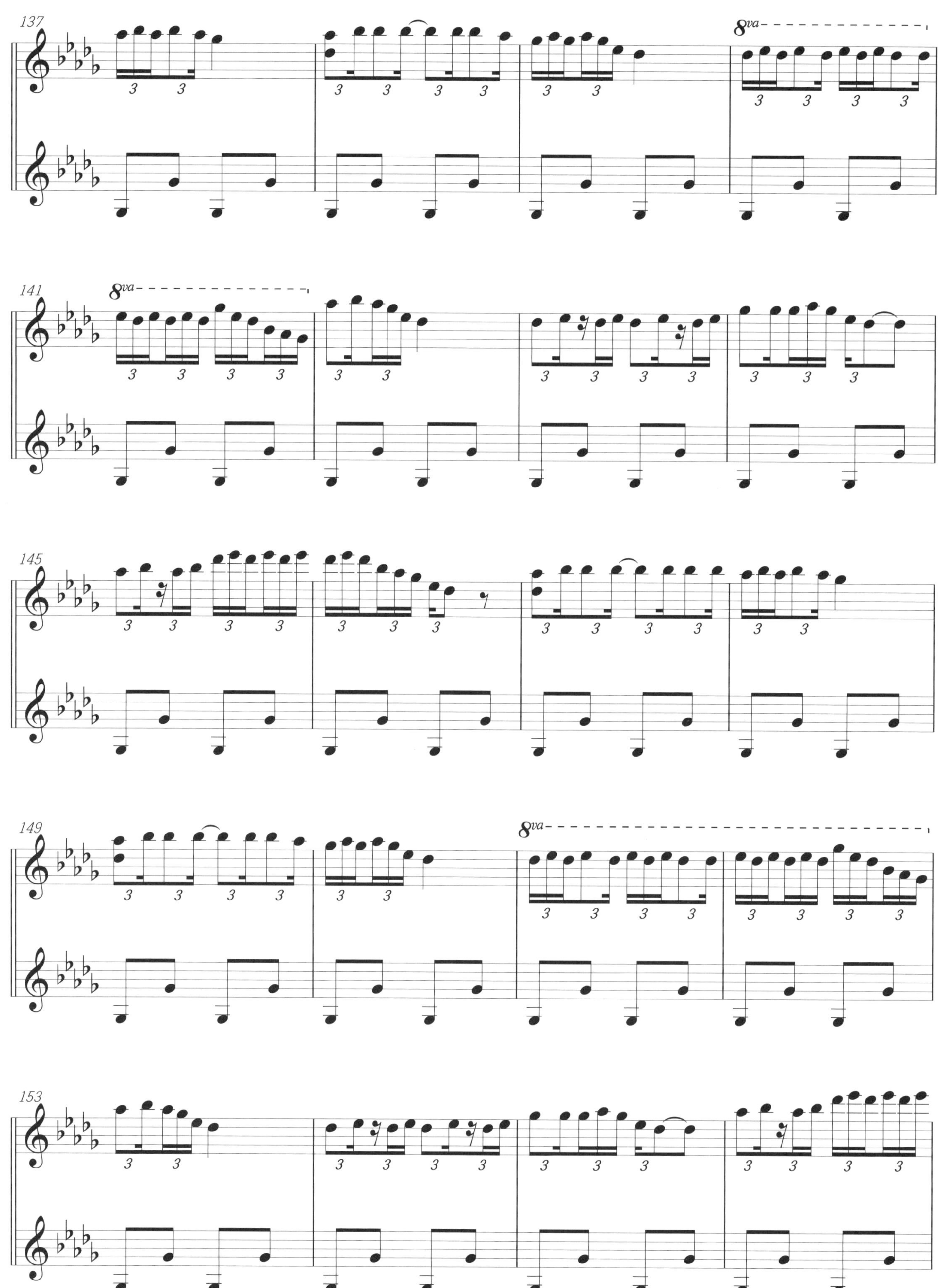

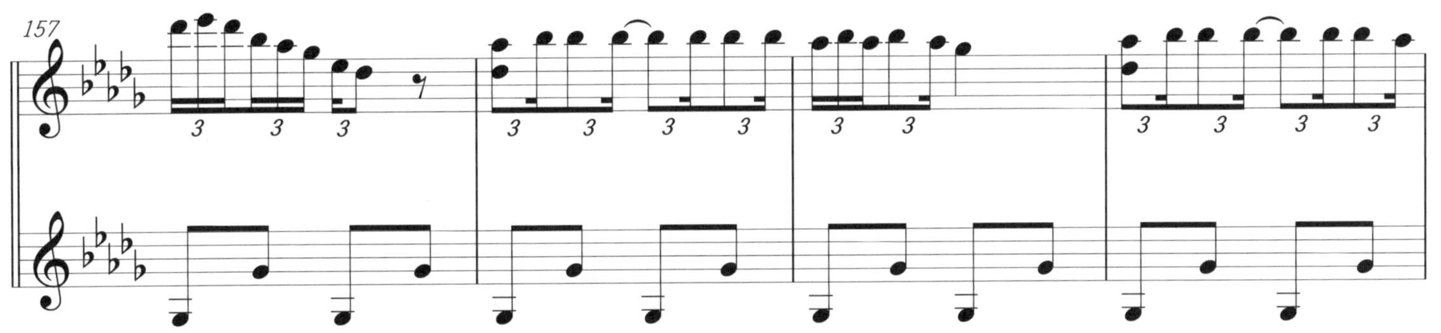

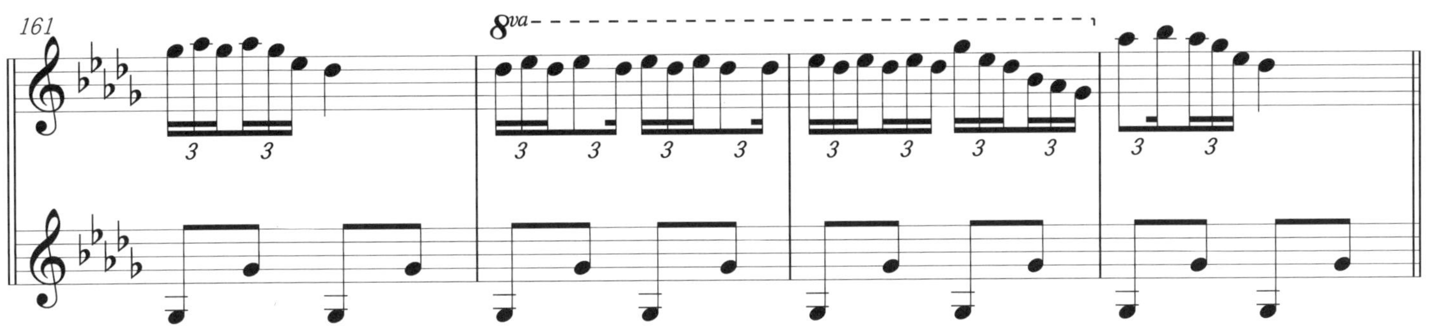

8va

붓꽃

한판 놀아보세
흐드러지게 놀아보세

구름이 걸린 소나무 가지 위에서
달빛이 부서지는 골짜기의 바위 위에서
불어오는 바람따라
흘러가는 물따라

붓꽃

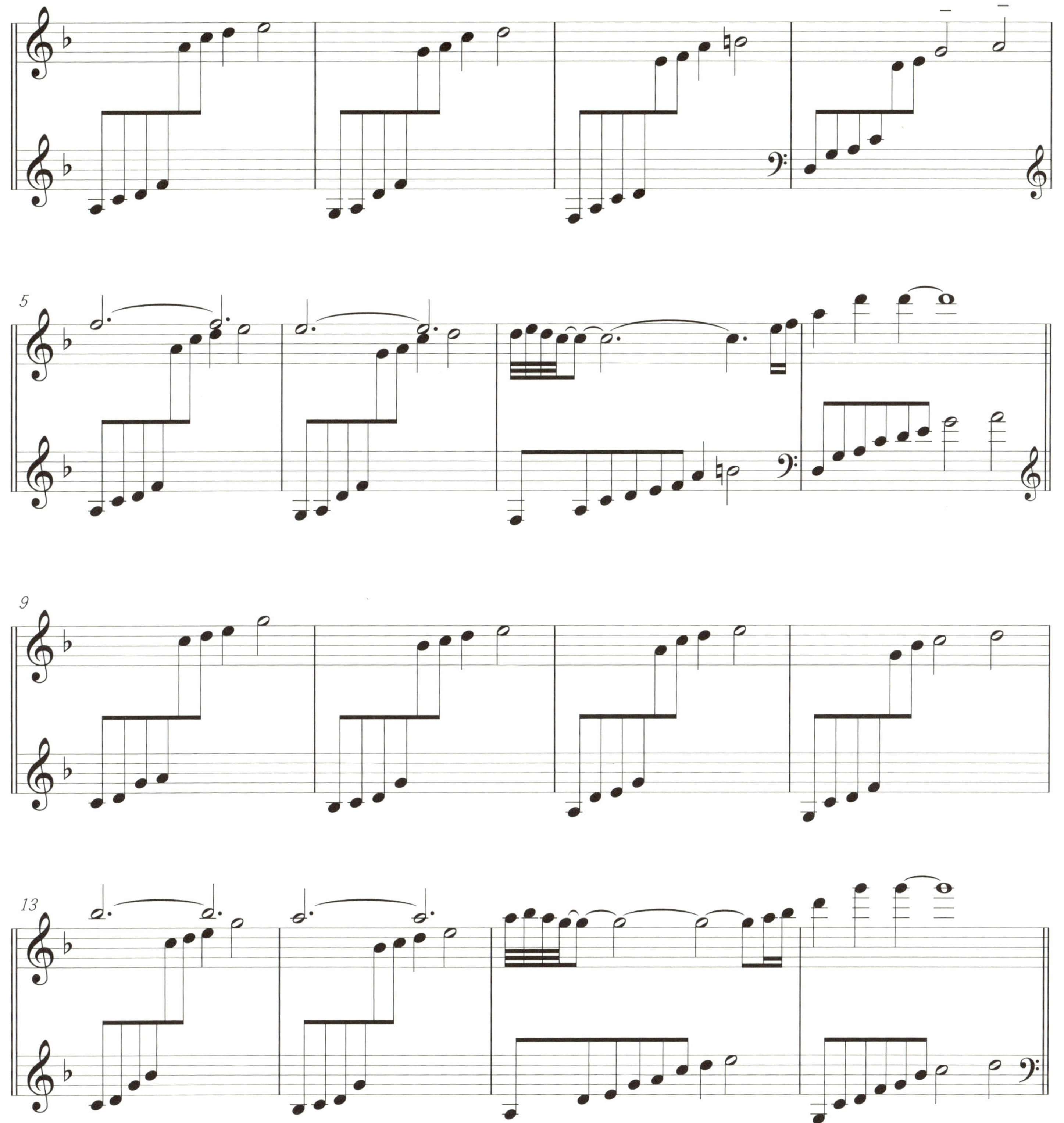

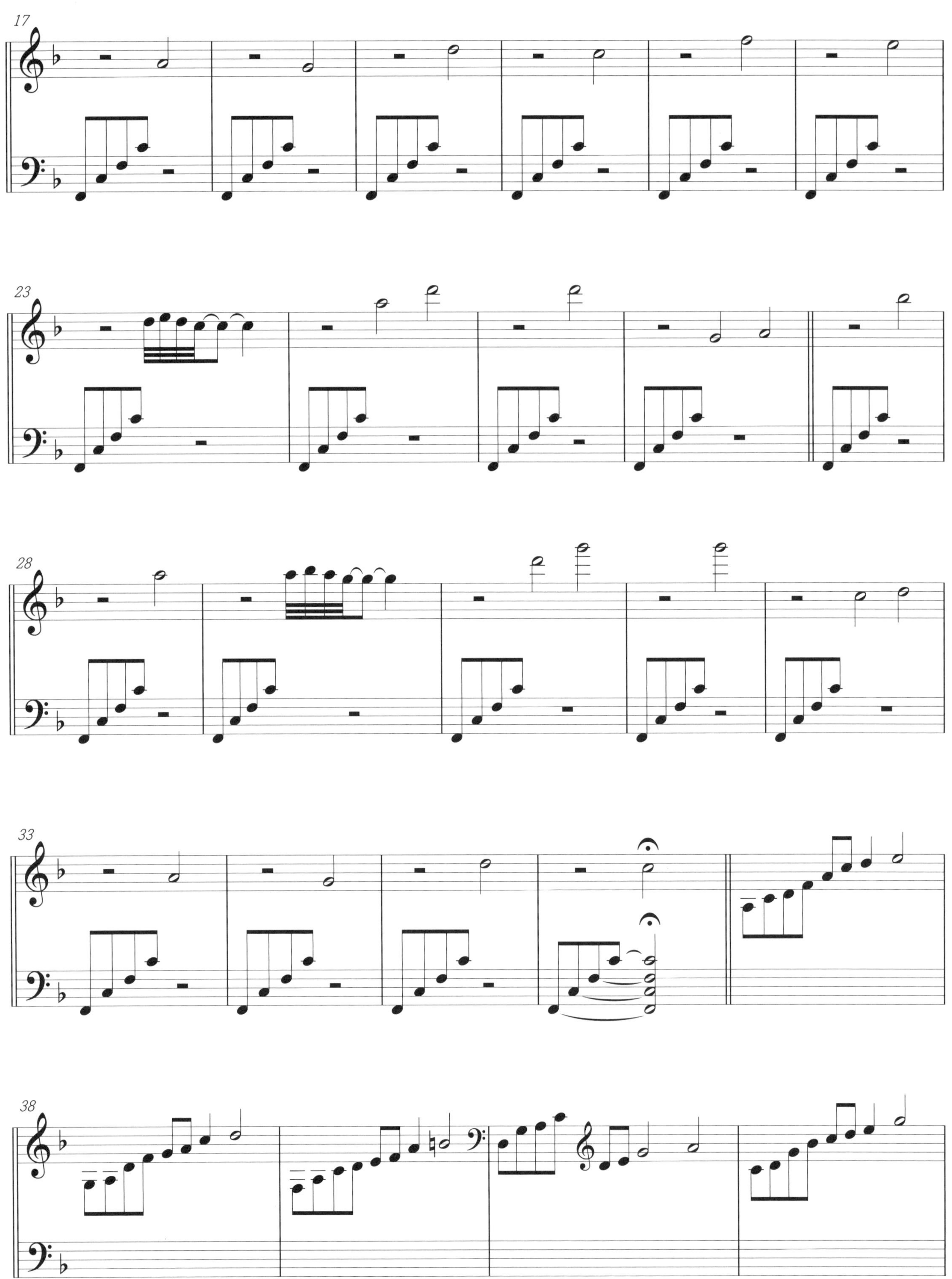

큰개불알꽃

오늘
내 영혼과 너의 영혼이
이렇게 만날 수 있었던 것은
내 영혼이 키워낸 눈물과
너의 영혼이 키워낸 눈물이
있었기 때문이다

큰개불알꽃

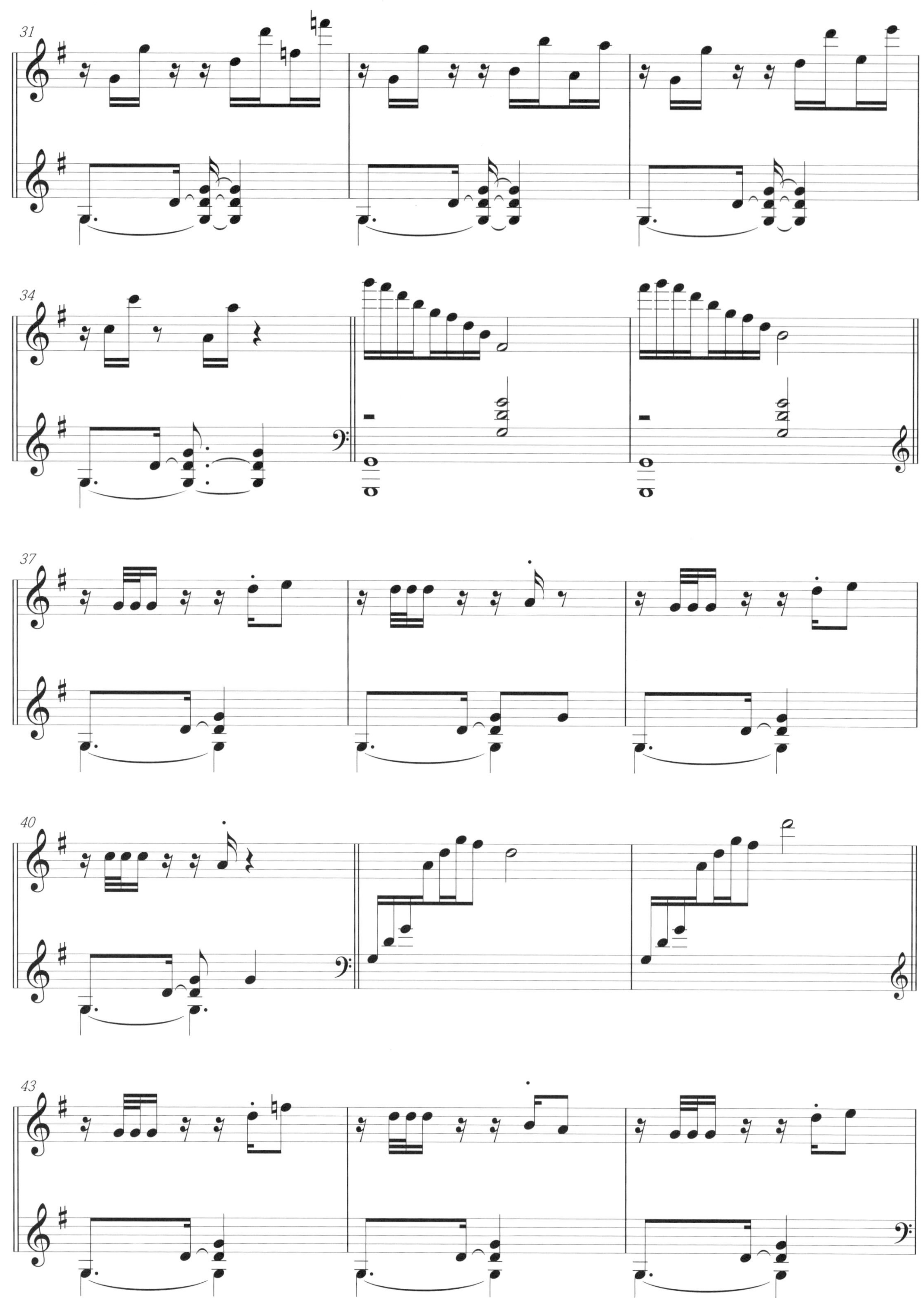

남산제비꽃

기다림은
사랑의 가장 큰 실천이자
가장 큰 증거다

하얗고

소박한

기다림의 아름다움을 머금은
꽃

남산제비꽃 

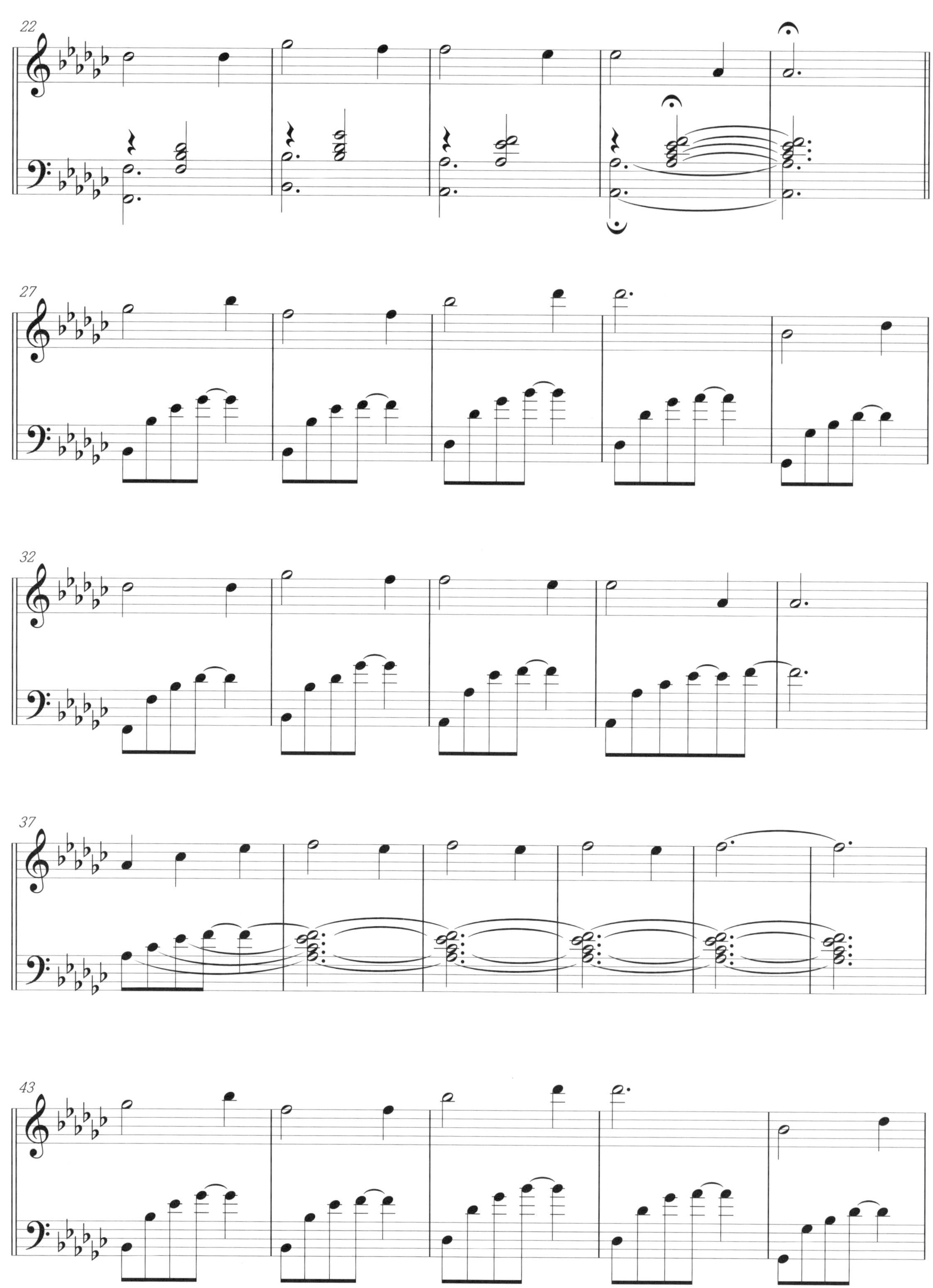

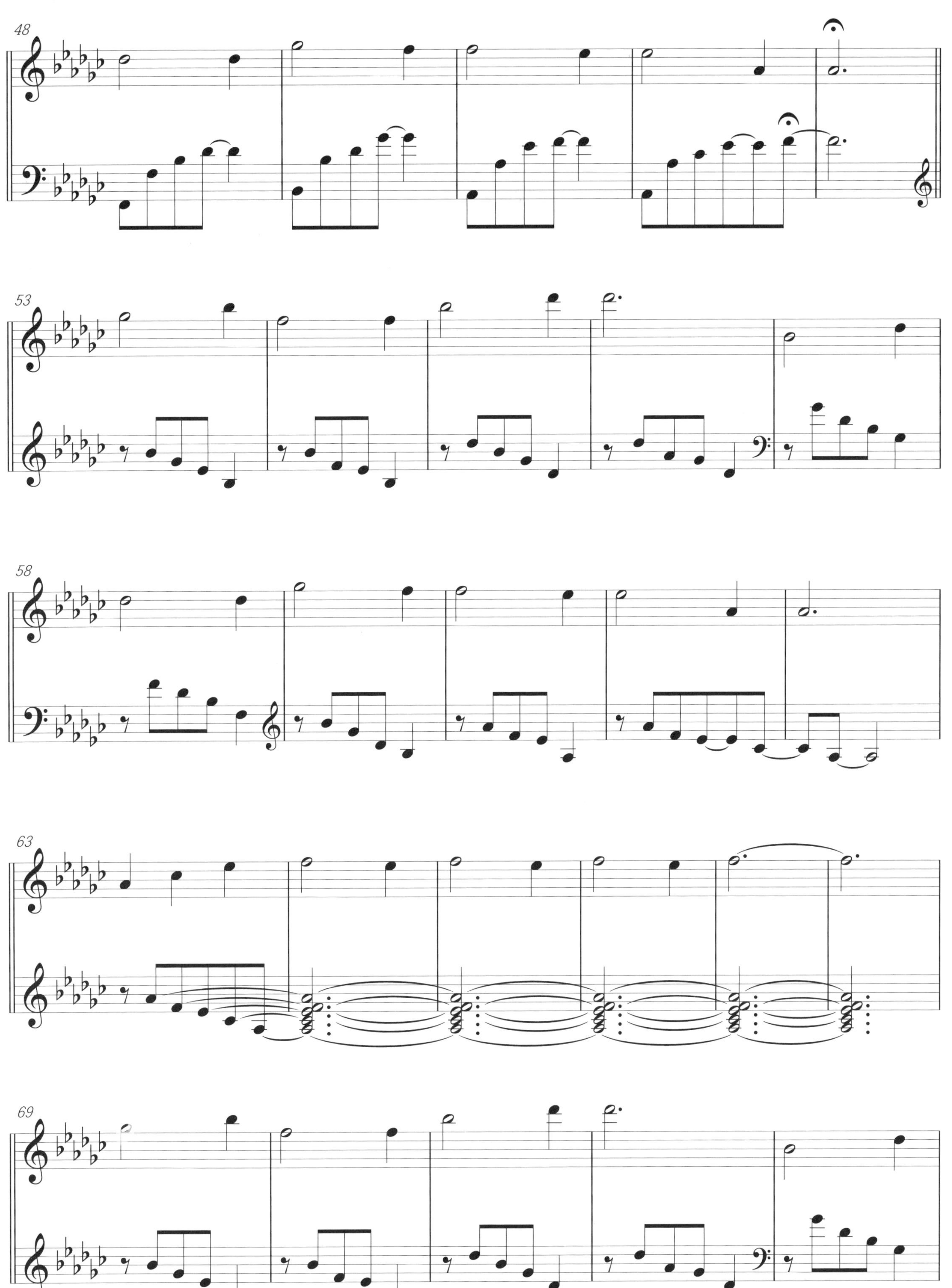

애기똥풀

아주아주 큰 하늘의 가슴에 가득찬 색깔
아주아주 작은 하늘인 내 가슴에 가득찬 색깔

애기똥풀

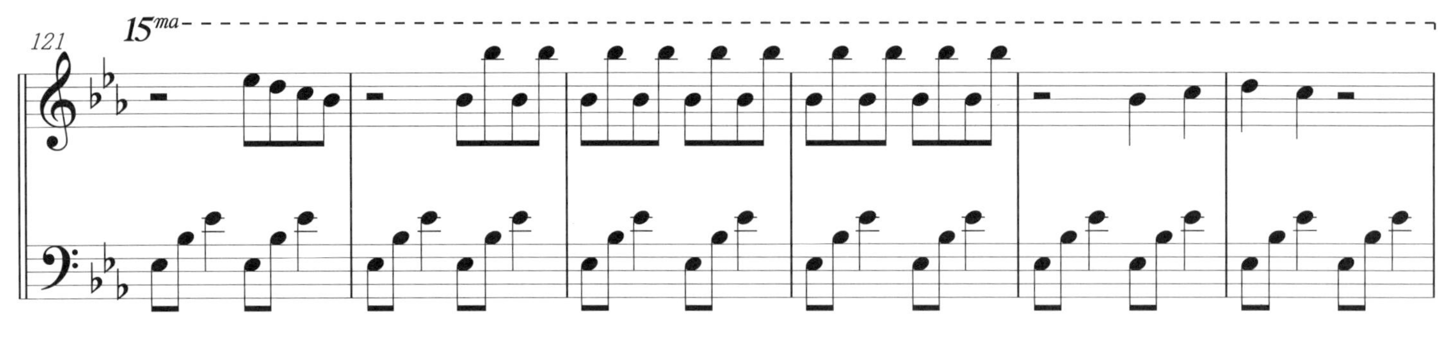
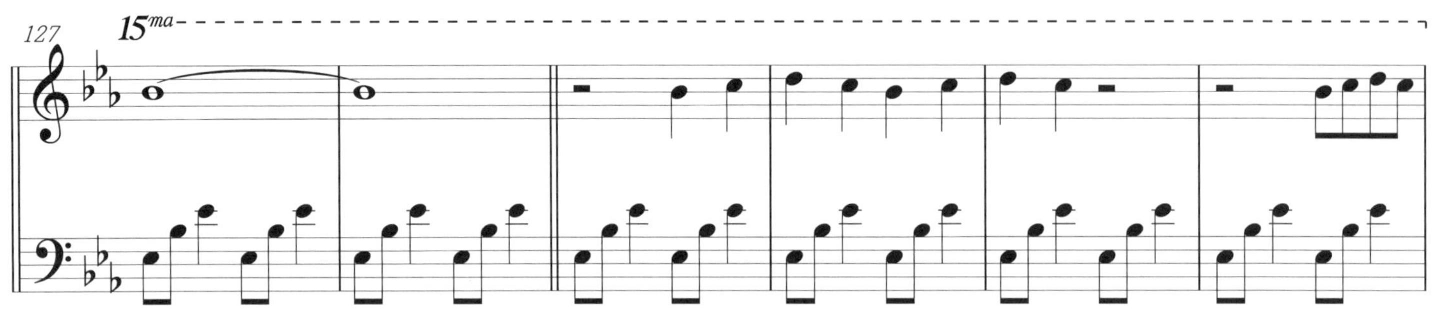
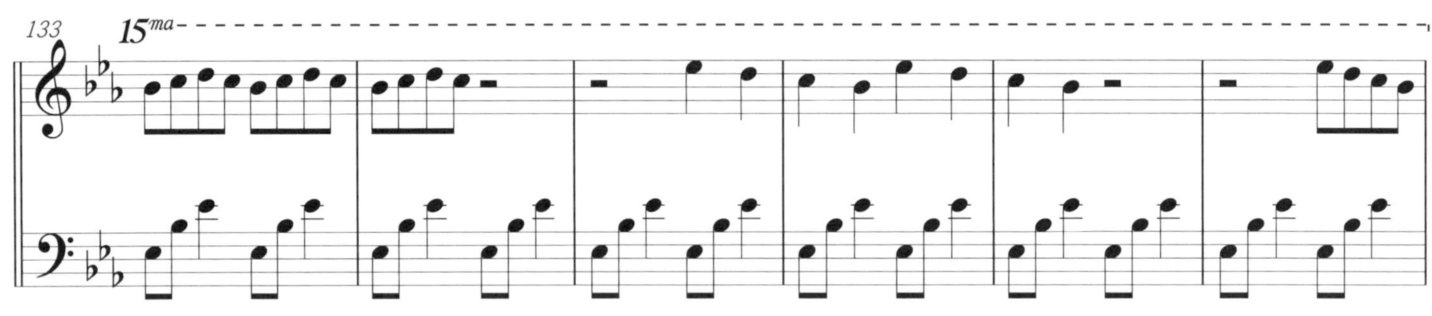
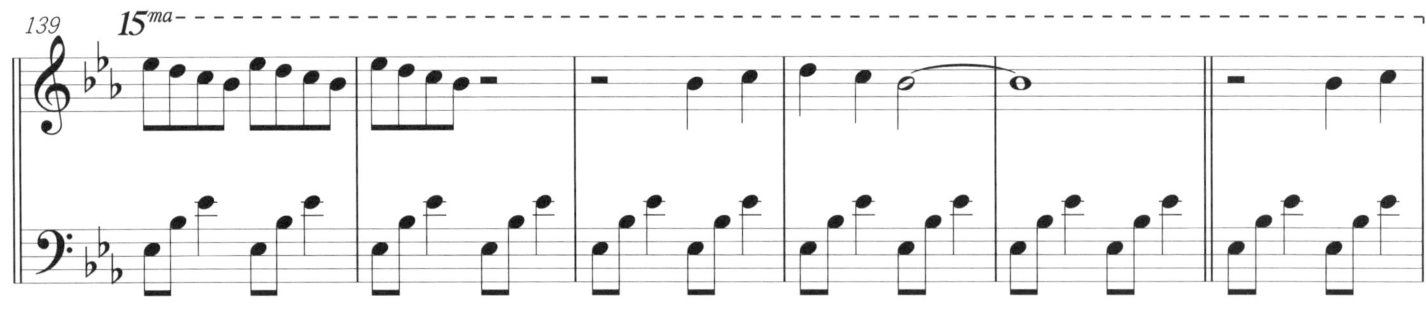
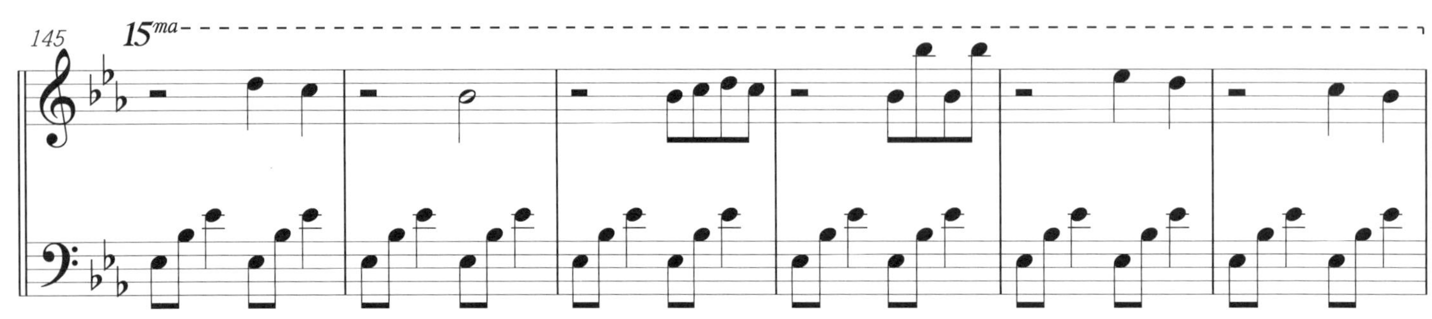

주름잎

자연과 연애하면 사랑이 커지건만
사람과 연애하면 아픔이 커진다

주름잎

앵초

얽히고 얽힌 내 마음이
환하게 보이는 순간

구름 타고 지구를 내려다보듯
내가 나를 보는 기분이 행복하고 황홀한 순간

앵초 

55
8va
느리게, 흐트러지게, 자유롭게
61
67
본래 빠르기로
73
79

제비꽃

찌든 때가 떨어져나간다
머릿속이 맑아진다
얼굴이 펴진다

사는 맛을 느낀 듯 몸 구석구석의 세포들이
서늘하게 떨어대기 시작한다

어느덧 내 몸과 마음은 싱그러워지고
내 영혼은 쪽빛 허공을 닮은 본성을 회복한다
이 맛이다

제비꽃

골무꽃

몸과
마음에 쩌든
더러운 기운들이
일시에
풀어져
날아간다

당신의 아름다운 향기는
나의 모든 감각을 마비시켜
황홀경으로
몰아
내 발길을
당신에게로 향하게 한다

골무꽃

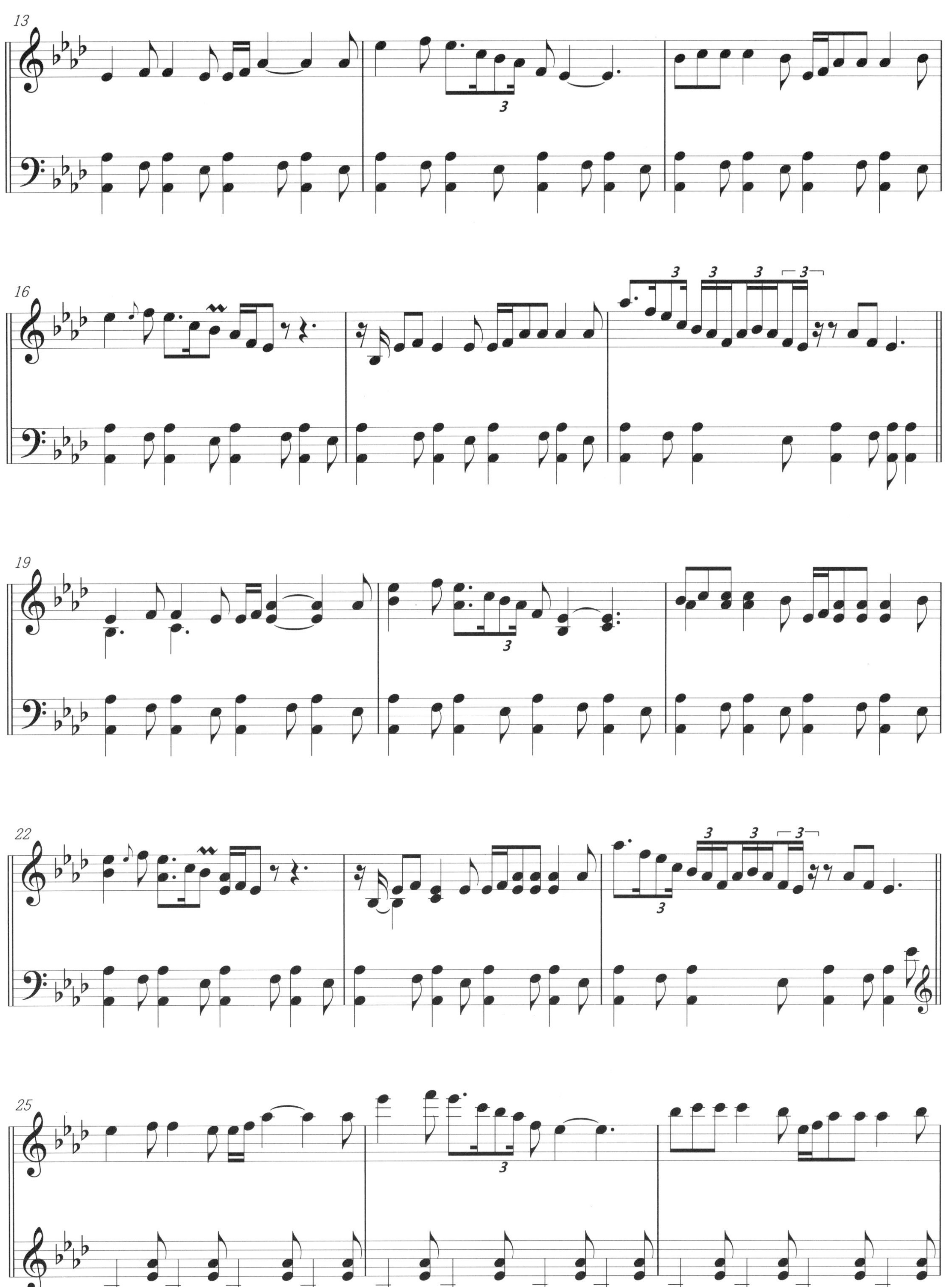
103

8va
3 3 3 3
8va
3 3 3 3
8va
3 3 3 3
3
3
104

공혜진

일상기록공작가. 오늘을 바라보고 그 안에서 기록하고 그리고 모으고 만들며 살고 있다. 특히 사소해서 대수롭지 않게 여겨지는 것들을 관찰하거나 기록하는 것을 즐긴다. 앞으로도 어디선가 흘린 것들을 주워 바라보고 그리며 살 수 있으면 좋겠다고 생각한다. 『광릉수목원 사진일기』『감성에 물주기』를 썼고 『세밀화로 보는 광릉숲의 풀과 나무』를 그렸다.

임동창의 우리 풀꽃 이야기

ⓒ임동창 공혜진 2013

초판 인쇄 2013년 5월 22일
초판 발행 2013년 6월 5일

지은이 임동창 공혜진 | 펴낸이 강병선

기획 김소영 형소진 | 책임편집 김소영 | 편집 형소진
디자인 이효진 최미영 | 마케팅 방미연 정유선 이동엽
온라인 마케팅 김희숙 김상만 이원주 한수진
제작 서동관 김애진 김동욱 임현식 | 제작처 미광원색사

펴낸곳 (주)문학동네 | 임프린트 아우름
출판등록 1993년 10월 22일 제406-2003-000045호
주소 413-756 경기도 파주시 문발동 파주출판도시 513-8
전자우편 editor@munhak.com | 대표전화 031)955-8888 | 팩스 031)955-8855
문의전화 031)955-8889(마케팅) 031)955-8870(편집)
문학동네카페 http://cafe.naver.com/mhdn | 트위터 http://twitter.com/munhakdongne

ISBN 978-89-546-2143-4 13670

* 아우름은 출판그룹 문학동네의 실용서 부문 브랜드입니다.
이 책은 저작권법에 따라 보호를 받습니다. 무단복제를 금합니다.
* 이 책의 국립중앙도서관 출판시도서목록(CIP)은 서지유통정보지원시스템 홈페이지(http://seoji.nr.go.kr)와
국가자료공동목록시스템(http://www.nl.go.kr/kolisnet)에서 이용하실 수 있습니다.
(CIP제어번호: CIP2013006370)

www.munhak.com